万企共赢商道

王紫杰 著

中国商业出版社

图书在版编目（CIP）数据

万企共赢商道 / 王紫杰著 . -- 北京 ：中国商业出
版社，2024. 8. -- ISBN 978-7-5208-3056-0

Ⅰ. F272

中国国家版本馆 CIP 数据核字第 20246CD334 号

责任编辑：黄世嘉

中国商业出版社出版发行

（www.zgsycb.com 100053 北京广安门内报国寺 1 号）

总编室：010-63180647 编辑室：010-63033100

发行部：010-83120835/8286

新华书店经销

廊坊市海涛印刷有限公司印刷

*

710 毫米 ×1000 毫米 16 开 10.5 印张 109 千字

2024 年 8 月第 1 版 2024 年 8 月第 1 次印刷

定价：68.00 元

****

（如有印装质量问题可更换）

序
商道即常识

书有两种，一种用来"知新"，另一种用来"温故"。这本书属于后者。

书里写的是我们小时候就知道的"常识"与"正道"，初读起来，不会感觉有什么"惊艳"与"乍眼"。但在真实的世界里，"常识"反而很少有人坚守；"正道"不断被"颠覆"。无数人的兴衰成败，都在重新注解"常识"，无数企业的潮起潮落，都在重复确认"正道"。

老子曰："大道甚夷，而民好径。"

我们终其一生，其实都是在重新理解"常识"，都在回归"正道"。时间是最好的炼金炉，无数曾经流行的道理与知识在经它淬炼之后，去伪存真，剩下的才是"真知"。

万企共赢商道

本书就是为此而生的，故名"万企共赢商道"。一则，因为是见证无数企业的成败，有足够多的"背书与注脚"，故取名"万企"；二则，"共赢"才是长久经营的根本法则；三则，因为此书不讲"实学"，只讲"心法"，故名"商道"。

此书所言"商道"，有以下特点：

第一，希望它经得起时间的考验。得益于工作便利，数十年战略咨询之中，直接复盘了数百个行业、数以千计的企业家的成败案例。无数鲜活的真人故事，沉淀出真正有深度价值、有长远效用的"真知"。

成功的企业都是一样的质朴，失败的企业各有各的"花招"。

书中所记录的，就是我对"质朴"特点的观察与共性的总结。所以，我希望它经得起实践的检验，经得住时间的淬炼。

第二，文字虽然碎片，但内涵常读常新。由于本书不是"一气呵成"，而是不同时期、不同文章的汇编，所以，在章节之间，会有一定的跳跃性。

但形散而神不散，所有文章都是经营的"常识"与"真知"，它们超越了行业的碎片化知识，展示其不可动摇的穿越力与统摄力。所以，有些章节内容看上去核心主旨差不多，但读者会常读常新。

对"常识"与"正道"的理解不同，就会读出不一样的味道与感悟。所以，我希望与读者一起"边读边自省""边读边回顾"，回顾自己的过去经历，回顾自己的成败得失。

任何阅读，既是阅读者的感悟，也是阅读自己的人生。商道，不仅是经商之道，更是人生之道。

此道与生俱来，不学而能，不虑而知；终生奉行，即是圆满。

最后，送给大家一首"阳明先生"的《别诸生》以共勉。

绵绵圣学已千年，两字良知是口传；

欲识浑沦无斧凿，须从规矩出方圆；

不离日用常行内，直造先天未画前；

握手临歧更可语？慇勤莫愧别离筵。

王紫杰

2024 年 5 月于广州金湖

目　录
CONTENTS

029　第二章　战略正道

047　第三章　经营正道

143　第五章　杂谈

第一章　人生正道

1．最后的回归

一个人终其一生，无论走多远，都是在回归自己。每次新的探索，都是在发现自己的"生命拼图"。最终探索完整个世界，发现答案就在自己身上，自己早已本自具足，无须外求。

追求越多，越痛苦；放下越多，越富足。所有的偶然，都是剧本早就写好的"重演"，一切出走，都是为了最后的回归。

2．柔弱胜刚强

老子曰，"人之生也柔弱，其死也坚强。草木之生也柔脆，其死也枯槁。故坚强者死之徒，柔弱者生之徒。是以兵强则灭，木强则折。强大处下，柔弱处上。"

老子为何强调"柔弱胜刚强"呢？

强者，尤其是自诩为"聪明人"的人，最常犯的错误，就是藐视"常识"，企图超越"规律"。

他们经常以某某"神迹"为榜样，以为自己也是那个"幸运儿"。于是铤而走险，试图"弯道超车"。

最终，常识与规律会让他们付出惨重的代价，让他们回归现实，明白自己不是"天选之子"，只是一介凡夫。

相反，弱者，或者说"普通人"，反而心态平和，知道自己不可能超越众生，于是只能遵循常识，老老实实地践行大道。殊不知就是这些"笨人""弱者"往往最终创造了"神奇"。

乌龟一定比兔子跑得更远，因为不争朝夕，不敢为天下先！因为它知道自己是弱者，所以只能慢慢爬，永远爬……不知不觉，爬到了兔子难以企及的远方……

3．找到一，守住一，每月进步1%

急功近利，是企业老板的通病。总希望从外面找到仙丹、神器，然后自己不劳而获、不战而胜。易经说"厚德载物"，但很可惜，大多数人只想"载物"，不想"积德"，这就是老板痛苦的根源。

真正着眼长远的战略设计，其实并不是靠什么灵丹妙药，而是回归常识，帮企业找到自己最初成功的"初因"，然后提示企业，要不断守住"初因"，内生增长，月月不断。

我称之为"找到一，守住一，每月进步1%"。

4．积德只能滴灌

厚德载物的道理很浅显，但总被人忽视。想长成巨人，要多吃东西，但每顿饭能吃多少，不是取决于你喂到肚子里有多少饭，而是取决于你的胃有多大。

胃不可能一天撑大，只能一顿饭一顿饭地慢慢来。否则，暴饮暴食，就会生病，反而损害了身体。这就是"积德只能滴灌"之意。

空间是由时间积累而成的，否则，就是泡沫。无论瞬间涨到多大，最终必定破灭。

没有人可以战胜时间，这是自然规律。我们唯一能做的事，就是顺应规律。延长我们的时间，而不是缩短。

5．用百年记录成长

日本最幸福企业"伊那食品"用"百年历"来记录成长，每个月做一次标记，提醒自己未来的漫长，不要揠苗助长、急功近利。

我跟大家算个账，按复利计算，如果每个月进步1%，那么一年12个月进步就是12.68%；如果坚持100年，进步就是15万倍。无论起点有多低，都可能进化成世界顶级的大企业。

巴菲特的财富，就是这样靠复利雪球逐渐滚动起来的。

6．失败学最接近成功大道

老板大多数喜欢"伪成功学"，即某些速成窍门与捷径。这样的老板，企业发展往往"一波三折"，时退时进，大多数惨淡收场。

然而，以巴菲特和芒格为代表的大智者，却喜欢研究失败学，不断研究企业可能会因为什么而失败。

有无相生，相反相成。最接近成功大道的，不是成功学，而是失败学。研究死亡，才能了解生存。不退步，才能持续进步。当了解一家企业的100种死法之后，企业反而更容易成功。

7．失败与成功，对称与平衡

对称与平衡是宇宙的普遍规律，阴阳互生、物极必反是其表现。

俗语说"失败乃成功之母"。也可以换一个说法：失败是通往成功的必由之路。

因此，失败学才是真正的成功学，失败与成功是对称平衡的。只有熬过失败的苦，才能体验成功的甜。

所以，失败后，不要放弃，不要再纠结于当前的困难，无论多难多痛，都是成就你未来的必修课。

8．自我批判，是持续成功的关键

成功后，更不能骄傲自负，因为失败将如影随形。只有谦虚谨慎之人，不断否定自我，才能让"失败与成功的对称平衡"不断向成功之路倾斜。

所以，读巴菲特、山姆·沃尔顿等成功人士的书，发现他们总是认为自己做得不够好，永远用低调、谦卑的态度面对现实与未来。这才是人生大智慧。

老子曰："自见者不明，自是者不彰，自伐者无功，自矜者不长。"

骄傲与自负，是成功者的败亡之兆；自我批判，是持续成功的关键。

9．领导力就是心灵感召力

领导力就是心灵感召力，就是凝聚人心的能力，这就是领导力的真正内涵。

为什么普通管理者不能称为"领导者"？他们不具备这样的"心力"，因此也充当不了"精神领袖"的角色。

"企业哲学"就是唤醒、凝聚人心的工具，是领导人精神力量的外化。

优秀的企业，必须有优秀的哲学。否则，庸俗、虚无主义、功利思维、短视思想就会占据员工的头脑，从而让企业的心力被腐蚀，败局从此埋下伏笔。

心力的破败，必然导致经营的失败。败局暂时虽会被遮盖，但时间会说明一切。

10. 心力源自"浩然正气"

心力从哪里来？当然源自利他与共赢的"浩然正气"。

自私自利者，心力必然萎缩；公正无私、利益大众者，心力自然大放光芒，至大至刚。

孟子曰："我善养吾浩然之气……其为气也。至大至刚，以直养而无害，则塞于天地之间。其为气也，配义与道；无是；馁也。"

企业，义道之和。以义求利，方为正道。

11. 稻盛哲学，"以心唤心"之正道

企业经营方法论的世界里，门派众多，就像武侠世界里的"华山论剑"。有教人速成的辟邪剑谱、九阴白骨爪，也有名门正派的武当拳、少林功夫……

经过数十年的实践与探索，我可以很笃定地说，稻盛先生的"以心唤心"哲学，就是企业经营的大成之法、正道之学，看上去平淡无奇，但功效远胜看似速成的邪门歪道。

稻盛哲学的核心，就是以创始人的"正念发心"，唤醒员工的奋斗心，然后通过优质的产品与服务，获得客户的倾心，以及社会大众的同理心。

所以，稻盛哲学的经营体系，以"全员经营"加"阿米巴会计"为明线，以"京瓷哲学"为暗线，构建起"四心继唤"的共振链条。

因此，稻盛经营法，本质就是"以心唤心"的"心灵经营"，最终实现"心能转物""心想事成"的大成境界。

12. 四心共振，大业必成

任何组织的成功，都是精神力量与物质力量的集成。两者可以相互弥补。

创业，就是创建一个组织的过程。也需要精神力量与物质力量的集成。尤其是创业初期，物质力量薄弱时，更需要精神力量的加持。

任何组织都由四类角色构成：领导、员工、客户、大众。

领导心、员工心、大众心、顾客心，四心共振，就可以唤醒伟大的精神力量，最终实现事业的大成。

四心，本质上皆为一心，即"让员工幸福地发心"。或者说"让组织成员幸福地发心"。

此即为阳明先生的"致良知"。人人皆有、人人皆可为，践行此良知良能，就是"知行合一"。

四心共振，以心唤心，大业必成。

13. 人是创造丰盛的根本依靠

人，作为目的，而非工具，才是改造世界、创造丰盛的根本依靠。因此，企业的成功，只能依靠人，依靠集体奋斗与终生奋斗。

只有激发全员的自主性与潜能，企业才能穿越周期、持续成长。否则，再好的外部机遇与红利，都是过眼云烟、美丽泡沫。

所以，研究战略多年，我认为最根本的企业战略，一定是围绕"全员幸福、全员奋斗"的战略目标。只要持之以恒地坚守初心，企业才可能基业长青、百年不败。

14. 成就事业与人生的基本法门

事业的终极心法，就是回归人的价值。人生的终极意义，就是回归自己的内心。

专注一点，日拱一卒，久久为功，这是成就事业与人生的基本法门。

稻盛先生用自己的一生，充分证明了"回归人心"的哲理。

终人一生，无论经历多少繁华，我们什么都留不下，最多只是重新发现了自己。

朝闻道，夕死可矣。这已经是很高的人生成就了，因为绝大多数人，终其一生，也不能认识"道"，更不知道"自己就是答案、自己就是道"。

绝圣弃智，民利百倍。放下自以为是的聪慧与追求，让良知良能自然显现！

阳明先生说，吾心自有光明月，千古团圆永无缺。

15. 诸行无常，莫向外求

我们的外部世界永远处于流动、变化之中，虽然长期来看（30年乃至100年以上），有其确定性的演化方向。但以年为单位的短周期波动，是根本无法把握的。

企业经营也是如此。如果总在等待风口，寻找"红利"，总向外求，那么老板必定天天处于焦虑之中。

渠道、流量、网红……城头变换大王旗，各领风骚两三年。不在内部下苦功夫，只向外求所谓"爆发性"增长的红利机会，凡此种种，都是投机心态。即使赚了钱，也注定要亏回去。

16. 内生式增长，确定性最强

企业增长有"外延式增长"与"内生式增长"两类。拉长时间线来看，只有"内生式增长"才是确定性最强的，所谓"正气存内，邪不可干"。企业的内生式增长，一定是立足于培养人、成就人的管理体系。

稻盛和夫开创的"阿米巴"经营、博组客的"自主管理"模式，丰田的"精益制造"、张瑞敏的"人单合一"……这些管理手段，本质上都是通向"全员经营、持续改善"的不同道路。

大到一个国家，小到一家公司，衡量其成败的关键指标，都是其全体成员的幸福程度。但这种全体幸福，一定是源自全体奋斗。

17. 向外求永远找不到出路

当我们迷惑于一些所谓的"商业模式"创新，所谓的"资源整合"创造出来的"增长奇迹"时，一定要看清楚它的增长，是"内生型"，还是"外延型"。后者的增长，大多数会随着时间被证伪。

放下对增长的执着，苦练内功，把全员经营作为抓手，实现永续经营，增长水到渠成。

巴菲特也不过每年增长 20%，华为也不过每年增长 33%……但巴菲特之所以成为世界级首富，华为之所以成为科技领袖，核心在于他们持续增长了 30 年、60 年。

立于不败、日拱一卒、久久为功、不疾而速，此乃天道。

向外求找不到真正的出路。解脱之道，只有放弃外求，放下我执，回归原点。

18. 创始人需要"使命定力"

企业的领导团队，尤其是创始人，必须坚守一个使命，长期不动摇。

利益驱动的企业，走不远；使命驱动的企业，才能活得久。老板没有清晰的使命，不能坚守一个简单的价值观与方向，团队就不可能坚守。

企业家是把企业做成事业的人，是为社会发展立风向标的人，是为子孙后代树榜样的人。

没有矢志不渝的使命坚守力，心性也就不定，企业也就不可能成就。

仁者不忧，心定处即是正道。

19．企业需要哲学与科学

为什么同样的知识，有的学习者很容易出成绩，而有的学习者却很难改变。

在大量对照成功与失败企业的实践之后，我终于明白了其中的奥妙。企业如人，成功在于"心"与"脑"的同步优化。

企业的"心"，就是基于哲学理念的企业文化与群体思维。企业的"脑"，就是基于科学管理与决策的理性经营体系。

二者缺一不可，都要做好，才能打造一家优秀的公司。

20．企业版的"吸引力法则"

西方的"吸引力法则"，佛家的"心能转物"，讲的都是同一件事，即思维或意识，是一种强大的能量，可以直接对物质世界进行改造。

但普通人的思维与意识非常散乱，能级太弱，无法改变物质世界。

企业群体意识也大多如此。大多企业里员工团队人心涣散，无法形成聚焦。

无法凝聚于一点的"人心"，就无法产生强大的能量场，更无法改变现实世界。

这时就需要优秀企业家发挥感召力，以强大的心力唤醒大家的群体意识，实现"人心"的能量聚焦与放大效应，从而通过企业经营，创造出物质实相。

21．芒格的"专注"

芒格是难得的具有儒家"贤者"气质的人，读书、修身，严守道德与价值观的生活，99 岁寿终正寝，是儒家"仁者寿"的见证。

他最值得我们学习的一点，就是专注。

芒格说："如果说我有一点成就的话，主要是因为我有一股打破砂锅问到底的劲。我就擅长一件事，把事情想通、想透，深入思考，找到正确的答案，然后付诸行动，我没别的本事，就会做这一件事。"

专注一辈子，做成一件事，人生足矣。

22. 净化心灵，就是净化身体

很多老板身体不健康，除了不良的生活习惯外，更大的原因在于"杂念太多"，消耗了太多身体的精力与能量。

道家养生系统里，讲究"心气不二"，意识即能量，而能量决定了健康。

因此，人的杂念过多，会影响身体健康；同样，身体处于能量过低、不健康状态时，也会导致人产生大量的杂念，严重时会影响睡眠。

所以，杂念多本身就是身体不佳的信号。反过来说，净化心灵，也就是净化身体。

23. 仁者为何长寿

《论语·雍也篇》有一段话印象深刻。子曰："知者乐水，仁者乐山；知者动，仁者静；知者乐，仁者寿。"

这里不是说两个人，一个人是"智者"，另一个人是"仁者"。而是说，有智慧的表现就像水一样，可以不断流动变化；有仁爱的表现则像山一样，静定有止、岿然不动。

到达"仁者"境界的人，心态轻松平淡，不受外物牵挂，气脉自动通畅平和，身体也就健康稳定。长期稳定处在这种状态里，当然"长寿"了。

《黄帝内经》曰："恬淡虚无，真气从之，精神内守，病安从来。"静以养心，最重要的是保持一颗宁静之心，这是养生的第一要义。

养心是健康长寿的根本，即养生先养心。

因此，如果一个人想健康长寿，首先就要保持心态好。不受杂念干扰，不断净化自己的心灵。

24. 永远走大道，大道人少

巴菲特有句特别有意思的话："永远走大道，大道人少。"老子也说："大道甚夷，而民好径。"

如果你害怕人多拥挤，那就走大道吧，虽然大多数人都在寻找捷径，都在找小路。

但如果你是想成就大业的人，就只能选择一条道，就是"大道"，不是因为人少，而是因为这是唯一正确的道路。

25. 百年老店的心法

对于企业老板来说，想把企业做成百年老店，没有什么花招，只有一个心法。

以围棋为例，真正的高手，就是"善弈者通盘无妙手"。不追求走什么"妙手"，不追求什么高超的技巧，每一步都是"本手"，都是平淡无奇的落子，但最终就是能赢在最后。

企业经营也是如此，端正心态，一心直入，心无旁骛，就能让企业自然而然地穿越风雨，实现百年长青。

这个心法就是"全心全意帮员工身心富足、全心全意为客户服务"。说起来平淡无奇，甚至有点老掉牙。

没有这个心法，其他的所有经营方法与策略，都是短期有效、长期无效，甚至是有害的。

"以员工为根本、以客户为中心"，不一定保证你会成功，但离了这个价值原点，你必定失败。

26. 心生万物，因果不二

人世间的遭遇，归根结底只是八个字："心生万物，因果不二。"你所获得的一切，都是由你的心境创造出来的，心种什么因，人生就得什么果。拉长时间线来看，没有例外。

心生万物，厚德载物，都是一件事。遵循这个心法的人，就会成长；遵循这个心法的事业，就会成功。

所以，稻盛先生在人生最后写作的书，直接取名为《心》。他写道："人生中发生的一切事，全都由我们自己的心灵吸引过来，塑造过来。正因如此，面对眼前发生的事情，抱什么想法，以怎样的心态对待，人生将因此发生巨大变化。"

万般唯心造，半点不由人。

27．于外愈深，于内愈真

不同阶段的企业老板，关注的问题点都是不一样的。小老板关注产品与销售，中老板关注管理与组织建设，大老板关注心法与哲学。

到了稻盛和夫这种世界顶级企业家的段位，讲的大多是哲学与心法。

因为对他们来讲，对外在世界感知越深，内在世界就越是纯真。当外在世界的体验与内在世界的感悟，于一点上达到共振时，就顿悟出生命的意义。

28．生命的意义

芒格说："人的一生，九九八十一难。走到生命的尽头，才发现一切都是一场空。无论你怎么拼搏，人生注定以失败收场，悟出了这个道理，你就明白了什么是人生如梦。"

稻盛和夫说："当死亡来临的时候，你在今世所创造的地位、名誉、财产就得统统放弃，只能带着你的'灵魂'开始新的征程。因此，如果有人问我：'你为何来到这世上？'我会毫不含糊地回答：'是为了在人生谢幕之时的灵魂，比人生开幕之初更纯洁一点，或者说带着更美好、更崇高的灵魂去迎接死亡。'"

对于生命的终局而言，芒格与稻盛和夫的认知都是一样的，但这是"物我关系"的结论，对外在世界的努力，最终都是"徒劳"。

对于"心我关系"的判断，稻盛和夫认为磨炼灵魂，即内在世界的努力，是不会"徒劳"的，这才是生命的意义，即"借物炼心"。

所以，人生不是一场虚无，而是通过处理与外在世界的关系，实现自我的升华。

因此，做什么行业，从事什么事业，并不重要，重要的是如何面对我们的外在世界，如何选择我们的心法哲学。

外部的世界是无常的，但我们的心灵是有常的、是可控的。以"不变的定力与心性"，应对多变的世间万象，就是这一生的功课。

29．如何拒绝诱惑

对于企业老板来说，磨炼心性与定力，是非常难的一件事，因为外在世界的诱惑实在太多。

我目睹了很多老板，一旦事业小有所成，大多开始"乱折腾"。做涂料的，开始倒腾光伏玻璃；做工程的，开始搞旅游景区……

很多人美其名曰是"与时俱进、跨界创新"。我不否认有一些老板跨界成功了，但这是极少数，而且是承担巨大风险、经历多年磨难之后才实现的。

这类转型成功的老板，比例很低。绝大多数乱转型的老板，在亏得一塌糊涂之后，才幡然醒悟，最后回归主业。

赚不到钱的人，很焦虑；赚到钱的人，更容易迷失。心性不够的乱象，在企业经营者之中，更是常见。

一百个老板之中，也很难找到几个真正定力卓绝、信念坚定，一以贯之，能够咬定青山不放松，愿意坚守本行，终生不改的。

成功的企业都是一样的质朴，失败的企业各有各的花招。

作为一家咨询公司，我们的感受更加深刻。只要一个老板，每年都跟我们讲不一样的商业模式与计划，这个老板有99%的概率事业做不起来。总在变化、总想走捷径、总在想花招的人，你不害怕吗？

老板的心力，真的是看穿企业发展未来的一面"照妖镜"。

我现在越来越理解，为什么巴菲特特别看重所投资公司的管理层的品格与能力。企业不行，归根结底就是人不行。

企业竞争力的本质就是人的竞争力，说白了，就是老板的心力。心力不够，任何好项目也做不起来。

老板一定要学会拒绝诱惑，不要单单以盈利为唯一的选择标准，而要反问自己：如果你是稻盛和夫，你会如何选择？

没有平凡的事业，只有平凡的人生。强大心力的老板，能把平凡的公司，做成非凡的巨人。

30．老板为何焦虑

企业经营本质很简单，就是打造一个优秀的组织，通过全心全意为客户服务，实现全员身心富足。

当这个优秀的组织可以永续生存时，老板就彻底自由了。这就是作为老板的事业使命。

而很多老板之所以无法停止焦虑，就是因为不知道事业的意义是什么，不知道奋斗的终点在哪里。永远被欲望牵引，无法静静地思考终极问题。

31．仁者为何"不忧"

巴菲特、芒格已经接近了仁者的境界，其思想与心灵，都非常稳定成熟，早就已经过上了不焦虑的人生。

不是因为有钱才不焦虑，而是因为看透了世间的真相，所以才选择心安的活法，过上不焦虑的人生。

孔子曰："知者不惑，仁者不忧。"

达到"仁"境界，内心已经非常安定、沉静，无论外境如何，都身心安泰，不动如山。

所以，老板要学习仁者的境界，放下欲望的牵引，选择不焦虑的人生。

32．如何过上不焦虑的人生

第一，把更多的精力放在产品打磨与组织培育上，让好公司自己逐渐发育。

第二，尽量少盯着同行，多关注自己的使命。问问自己，使命召唤我们应该做什么。像稻盛先生说的，少问得失，多问对错。

第三，一定要学会理财，打造永续复利渠道，让家庭实现财富的永续增长。

第四，一定要注意健康，时常给身体放放假。失去财富并不可怕，但失去健康，就失去了一切。

第五，一定要寻找一个人生的榜样，当迷茫时，可以进行"角色替换"—此时榜样人物会怎么做。

第六，多问问自己，人生的意义是什么。想明白了，就不再纠结与焦虑了。

33. 不要被情绪误导

有人说，自己看待事物都挺消极的，看来成不了大事——这是很常见的问题，很多人把情绪与智慧混淆。成大事靠得不是消极或积极的情绪，而是智慧。

不要被情绪误导了自己。没有一生下来就绝对消极或悲观的人，也没有一生下来就绝对积极或乐观的人。

消极或积极，更多的是一种身体的激素分泌或健康状况的反映。与智慧无关，更与能否成大事无关。

根据中医的五行五脏全息理论，五脏分别对应着不同的情绪：心对应喜；肺对应忧；肝对应怒；脾对应思；肾对应恐。

当情绪受到干扰或不适宜时，容易对相应的五脏产生不良影响，导致五脏失衡、气血运行失常等疾病。

同样，疾病本身也可能会引起情绪的波动，形成情绪和疾病之间的恶性循环。比如，长期的胃炎、胃溃疡等胃部疾病，容易诱发情绪上的抑郁和焦虑。

就情绪来讲，脾湿则抑郁、懒惰，脾虚则消极、乏力。

很多人过了80岁，就不想再出门游玩了。不是他真心不想，而是由于身体机能衰退，尤其是五脏功能逐渐衰弱，整个人的情绪也逐渐趋于保守、消沉。

34．情绪低落，可能是脾胃问题

很多人在一段时间内，总会莫名其妙地就对前途悲观起来，认为企业一切都不好，到处是危机，处处是烦恼……

这时，他的判断往往不是真相，而是他的身体健康，尤其是脾胃出了问题，导致情绪低落。

根据"脾主思虑"的简单原理，我往往会建议企业老板在这段时间不要作任何决策，出去走走，放松一段时间，最好是找中医调理一下身体。

为什么很多小孩子会得抑郁症，或突然就沉默寡言了呢？西医总从心理角度入手找原因，而就中医来看，就是阳气不足了。只要做相应的调理，很快就可以恢复了。

因此，心理问题绝大部分是源于身体问题，不要轻易给自己下判断，认为自己是消极的人，不是积极的人；是悲观主义者，不是乐观主义者。

老板只有两类，有智慧的，没有智慧的。无论消极或积极，悲观还是乐观，更可能是身体问题，是情绪问题，与有没有智慧无关，与能否经营成功企业更是无关。

35. 如何乐观起来

"万企共赢方法"提出"乐观"的四点建议：

第一，要学一点中医的基础知识，了解日常的养生方法。

第二，要读一些企业经典著作，比如《活法》《干法》《心》等。要持续读，反复读。心中有圣人，决策有榜样。

第三，不要与消极的人做朋友，不要看消极、负面的文章。要多读企业家的励志故事，多结交正能量的朋友。

第四，要立宏愿，立一个为社会、为世界做有价值的事、有贡献的事的大愿。为自己着想时，不知不觉就会悲观、消极起来；为他人、为社会着想时，就会不知不觉地积极起来。因为"利他产生力量"。

所以，我经常说：做老板，要做"一本万利"的事。

"一本万利"，不是指"小投资，赚大钱"的意思；而是指"基于利他这一个根本动机，就可以产生巨大的力量，为社会创造巨大的利益"。

爱出者爱返，福往者福来。活在"无我利他"之中的人，没有时间消极。

36．生存链哲学

老板是企业的顶层架构师，其核心任务，就是以终为始，让企业长久地生存下去，活过百年。这是企业的最低目标与最高追求。其背后的基本原理，就是"生存链哲学"。

这套哲学的根本要义就是四句话：

第一，任何生命体都以生存为第一驱动力。

第二，要想生存，就必须与外界发生物质、信息、能量的交换。

第三，最高效率、最能持久的交换原则，就是"共赢"，即实现双方各自利益的前提下，可以实现双方共同的利益，所有利益相关方都有增量价值。

第四，共赢的最高阶段，就是"合一"，即形成"生存共同体"，从而以整体形态，参与更大规模的交换。

把上面这四句话总结成四个词，就是"生存、交换、共赢、合一"。

这四个词代表四个阶段，也是四种递进状态，构成了生命体的"生灭循环"。凡是实现共赢交换的，就会繁荣昌盛、扩张生长；凡是违背"共赢交换"的，就会不断耗散、枯萎凋亡。

小到一朵花，大到一个国家，凡是生命体的演化皆是如此，不外如是。

任正非说："为客户服务，是华为存在的唯一理由。"这句话可以翻译成"生存链哲学"的语言，即"与客户进行物质、信息、能量的交换，华为才能活下来"。

世界500强企业的平均寿命是四五十年，中国大企业平均寿命是七八年，中小民营企业平均寿命是大约三年。衡量企业成败的唯一标准，就是能活多久。

因此，活下来就是企业的最低目标与最高目标。要想活下来，就必须与客户共赢。最低目标，是今年活下来；最高目标，就是100年之后，还能活下来。活到最后的，就是赢家。

而要想活下来，就必须为客户服务，与客户共赢，与客户进行长久的物质、信息、能量的交换，也就是要围绕客户，搭建企业的"生存链"，这条"生存链"就是企业的生命线。

第二章 战略正道

37. 战略的底层价值观

在"万企共赢方法"里，战略的制定与执行，要矢志不渝地坚守五大底层价值观。

第一，"专业主义"。一生只做一件事，把它做到极致；绝对专注力，才有绝对竞争力。要把产品与服务做到在客户的世界里，你就是"唯一"，没有竞争。

第二，"利他主义"。企业因利社会而存在，管理因利员工而有效，产品因利客户而有价值。这是企业的生存"锚点"。

第三，"长期主义"。战略的起始设计目标，就是管用 100 年。坚持做难而正确的事，绝对不因短期利益而牺牲长期价值。笃信"因果法则"，种好"因"，让"果"顺其自然，绝不"揠苗助长"。

第四，"内生主义"。基于内部人才培养与内部知识积累而逐步实现成长，对一切"外部资源"采取"无可无不可"的态度，绝不依赖任何外部资源，自力更生、愚公移山。

第五，"不败主义"。成功是偶然，失败是必然。不可胜在己，可胜在敌。企业努力百年，就是为了延缓失败的到来。成功靠运气，失败源于自己，要打造"不败金身"，活着也是一种成功。

38．战略与"竞争"无关

战略不是打败对手，盯着对手做战略，是最大的误区，是很多企业垮掉的致命伤。

战略与竞争对手一毛钱关系都没有，战略是实现企业目标的最优路径。

战略系统里，根本没有竞争对手。竞争是没有战略的老板，才看重的东西，竞争纯属"战略缺位"的副产品。

39．定位不是"抢占心智"

战略定位，与"抢占心智"无关。企业成败的关键是产品力，产品不行，说得越好，死得越快。

不要相信什么"客户相信什么是第一，就会购买什么品牌"的话。客户又不傻，什么产品好，什么产品不好，客户体验过就会明白。

在信息越来越发达的今天，靠"话术"来蒙蔽客户，根本就是不会长久的，甚至是不可能的。

因此，定位的出发点不应该是基于"心智"，而应该是基于"绝对产品力"，即所谓的"极致单品"。即聚焦企业资源，打造具有绝对竞争优势的好产品，然后用简洁的语言告诉客户，我们的产品好在哪里。

"客户心智"根本不是"牢不可破"的城堡，而是"暂时记住"的幻觉。一旦出现更好的产品，"心智"瞬间就会被改变。

此外，渠道是否便利、价格是否便宜、有没有促销政策……这些非产品力的营销手段，都能够极大地影响客户的购买决策。

总之，"客户心智"不是企业竞争的战场，"客户价值"才是。

40．战略即坚守主航道

企业发展战略，必须坚守一个方向，长期不动摇。

企业成长，就像升级打怪，吃完第一波增长红利，必然进入平台调整期，此时才考验老板能否坚守自己的主航道。

尤其是熬过初创期、赚到第一桶金的企业，特别容易分心。很多老板要么小富即安，不求改进；要么见异思迁，盲目多元化。

大企业的死亡原因，主要有"逆大势、重资产、高负债、多元化"。其中的核心，就是无法坚守主航道。

41．专一狂人

创始人必须以"专一狂人"的态度，打造市场上无与伦比的极致单品，以稍高的价格出售，快速形成核心竞争力，获取高额利润，继续投入研发，不断升级产品，创造更高价值，获取更大利润与市场份额……

循环往复，形成增长飞轮，由小变大，由弱变强，从而在市场竞争中活下来。

这是中小企业的生存法则。

42．极致单品

极致单品，就是围绕价值突出的单一产品，成为客户无法替代的唯一选择。

极致单品的特征如下。

第一，核心功能聚焦客户痛点，让客户在此痛点的需求范围内，别无选择。

第二，促成购买行动，降低营销成本。说白了，就是把产品价值浓缩成一句"卖点"，做到"一听就记住，一听就想买"。

第三，形成口碑传播，让客户不约而同地口口相传。

第四，让客户由品牌好感，升级为"品类好感"，带动后续同类产品销售。

第五，售价稍高于同类产品，帮企业创造高额利润。

在市场竞争如此激烈的今天，任何细分市场都已经拥挤不堪，只有聚焦于"极致单品"的中小企业才能脱颖而出，内生增长。

与其打造 10 个平庸的产品，不如打造一个完美的产品。用最少创造最多，是普适的制胜之道。

43. 细分领域"独霸天下"

打造极致单品，只有一个法门，就是"极致专注"。

即事先锁定一个客户普遍存在的痛点，反推产品的最佳卖点，然后形成企业合力，聚焦于此卖点，不断研发产品。让"卖点成真"。

一旦市场测试成功，千万不要浅尝辄止、半途而废，而要再接再厉，围绕此点，继续深挖、持续强化。

直到在这个细分领域"独霸天下"，才能再开发新品；新品也必须是根据客户需求，逐渐优化、内部生长出来的，而不是"天马行空"，靠碰运气得来的。

容易分心，是老板的通病，尤其是自诩聪明的老板。记住，大成功属于"变笨的聪明人"，分心是大敌。

总而言之，舍九取一、力出一孔，打造极致单品，是中小企业的战略选择。

44．专注，成就隐形冠军

德鲁克说："但凡有所成就，必然是一个专一的狂人完成了一项使命。"

其中"专一狂人"这个词特别吸引人。

无数文章探讨"隐形冠军"这个概念，大多从细分市场、客户服务等角度入手分析。我从大量的咨询实践，以及自己企业的经营心得体会到，成为隐形冠军的核心原因，就是"专注"二字。

专注到极致的"狂人"，怎么可能不成功呢!

45．战略即专注

企业的战略规划，就是围绕企业使命，寻找一个聚焦专注点，打造全员经营型组织，为精准客户，提供极致性价比的产品，从而实现战略目标。

简言之，战略本质上就是组织、产品、客户的聚焦点。专注于一点，持之以恒，最终实现永续经营。

不能专注于一点的战略，都不是好战略，是不可能持续成功的。

很多老板痴迷于对各种商业模式的创新，却忽视了"能否落地"

的问题。很多模式太复杂，牵涉的外部相关方太多，利益链条太长，所要整合的环节太多，导致根本无法落地。

所以，战略必须专注，战略也只能专注。否则，战略就是空想。

46．专注成就伟大

很多老板喜欢谈使命，动不动就要做多大市场，要做世界 500 强……这一切的核心，就是专注。没有专注点，使命怎么成真？

使命越伟大，对专注力的要求越高，持续 10 年的专注力，成就优秀的企业；持续 30 年的专注力，成就伟大的企业。

47．复杂的事没好事，复杂的人没好人

一位朋友有句话值得思考："复杂的事没好事，复杂的人没好人。"

任何领域的最高智慧，都是非常简单的。简单到任何人都可以理解，任何人都能尝试。

为何成功路上，行人渐少呢？因为人们对"简单"缺乏深刻的理解，知之不深，行必不笃。

对简单即本质运用得最好的理论，就是"奥卡姆剃刀原理"。

它是由 14 世纪逻辑学家，出生于英国奥卡姆的基督教教士威廉提出的。这个原理认为，"如无必要，勿增实体"。即凡事都要遵从"简单更有效"的原则。正如他在《箴言书注》中所说，"切勿浪费较多的东西去做那些用较少的东西同样可以做好的事情"。

这个原理要求我们在处理事情时，要把握事情的本质，解决最根本的问题，不要把事情人为地复杂化。这样才能更快、更有效率地把事情做好。

48. 经营要简单

经营的各个环节都要简单。

营销要简单，不要搞花招。把精力放在产品的打磨上，极致产品自己就能解决营销问题。这样就把营销变简单了。

同样，企业管理也是如此。很多老板抱怨说现在的年轻人不能吃苦，不好招。我说那是因为你的企业不赚钱。一旦你解决了盈利模式问题，让企业可以持续、稳定发展，让员工可以看到成长与赚钱的希望，招聘问题就会迎刃而解。

所以，一定要形成追问本质的习惯，一定要从根子上寻找问题的解决答案。表象一定是盘根错节、纷繁复杂的，而其本质或根源，都是非常简单、清晰的。

因此，如果你的营销动作不能保持简单，你的战略决策不能一句话说清楚，你的日常管理不能保持简化，那么，你的经营结果就很难高效。

49. 回归简单的思维法

回归简单，关键要掌握以下几种思维方法。

第一，"以终为始"法。即倒果为因，绕开现在的困扰，直指最终的目标，然后问自己："在什么条件下，可以达到目标？"这种倒推的思维模式，可以发现更有效的解决方法，而且往往是比较简单的。

第二，"客户中心"法。即100%地站在客户的角度，问问自己："如果我是客户，会如何选择、如何判断、如何搜索信息、如何寻找答案？"客户的决策逻辑往往都是简单的。站在客户的角度，才能让自己更清醒。

第三，"第一性原理"法。即把问题不断深挖下去，不断问自己："为什么要这样做？"问过多次，到达一个无法再问的基础公理时，基本上就找到了问题产生的最初原因。

第四，"角色替代"法。即问自己："假如我是某某人，我会如何去做？"比如，当一个老板不知该不该给员工涨工资时，可以问问自己："假如我是任正非，我会怎么做？"优秀企业家是最好的榜样，当我们深入了解这些企业家的所思、所行、所言之时，自己的思维境界与决策能力，都会大为提高。

总之，老板的思维能力，决定企业发展的上限。而保持简单化、本质化思维，是解决问题的关键方法。企业经营从本质上看，就是老板人生的自我经营。让做事简单，也让做人简单，才会有幸福的企业，才会有幸福的人生。

50. 企业成功方程式

很多老板缺乏"第一性原理"的思维方法，容易被企业目前的种种问题所困扰，一叶障目，不见远方。其实，企业成功是有根本性的方法论与成功方程式的，只要依照这个方程式去努力，就可以打造优秀的企业。

这个方程式就是：企业 = 客户 × 产品 × 组织。

客户是指"以客户问题的解决方案为导向"；产品最好是"极致单品"。优秀组织是以"员工身心富足"为追求的"高效组织"。

其中创业初期最重要的，就是"极致单品"。这意味着，你必须打造出极致优秀的单项产品，在竞争中脱颖而出，不是领先一点点，而是超越一大块，让客户有种"别无选择"的追捧。

因此，老板最重要的任务就是设计战略，只做一件事，把客户导向、极致单品、高效组织三个板块全部贯穿，整体实现，即用最少创造最多，万法归一，一本万利。

51. 三事合一，一战全胜

孙子兵法说：我专为一，敌分为十，是以十攻其一也，则我众而敌寡。

在争夺客户的战场上，没有企业大小之分，只有价值大小之分。无论企业大小，只有聚焦才能产生威力。哪怕竞争对手比我大 100 倍，但在某个价值选择中，只要我们聚焦于一点，打造极致单品，从功能、价格等领域入手，也很容易产生超级竞争力。

始终记住：客户买的不是企业规模，而是自己问题的解决方案，谁的方案效果更好、更快、更便利，谁就是赢家。

因此，企业老板一定要对产品做减法，价值做乘法，舍九取一、力出一孔、不求全胜、单点突围。

围绕客户中心，打造极致单品，企业的组织也要做扁平化、市场化、客户服务化改造，最终实现客户、产品、组织的三合一，一战全胜。

52. 企业版的"知行合一"

在企业经营层面，我们要重新解读"知行合一"这个词。以前人们的字面理解是：认知与行为要合一，或者按阳明先生原意，"良知"与"日用常行"要合一。

但在企业版的解读中，更深层次的理解是："知行合一"，要先"知合一"，即把所有的想法、愿景、战略规划落到一个点上，一个非常聚焦的点上，在这个点上不断钻研，加深认知、加深知识研发与储备，此谓"知合一"。

"知行合一"还要"行合一"，即把企业所有的资源、人才、组织、能力都聚焦到一个点上去，日拱一卒、水滴石穿，不断精进，这样才能成为这一个细分领域的"隐形冠军"。

"知合一"与"行合一"的"一"，如果都是一件事的话，那就叫"知行合一"，即战略规划落在"一个点"上，集中所有人力与物力于此。就像任正非所言的"力出一孔"，聚焦、聚焦再聚焦，深入、深入再深入，最终以目标为导向，超越企业的各类问题，直指未来，成为行业第一，引领行业的发展，解决社会问题。

这才是真正的顶层设计层面上的"知行合一"。以一法代万法，以一点破万难，才能百川汇海、万法归一。

53．知行合一的战略

"合一战略"必须满足以下标准。

第一，必须可以一针见血，解决客户的实际问题，让客户看到成效。

第二，必须有"普适性"，可以解决企业自身的多个主要难题，比如营销问题、盈利模式问题、融资问题。

第三，必须落地相对简单，可以流程化、标准化。

第四，可以吸纳海量的社会资源，快速壮大企业。

第五，可以让客户形成"强复购黏性"，一旦接触产品或服务，就无法离开，为企业持续贡献后续价值，形成稳定、持续的收入渠道。

第六，可以逐渐摆脱对老板个人依赖，形成强大的组织体系。用任正非的话来说，就是用"管理的确定性，对应外部世界的不确定性"。

总之，顶层设计就是找到这个"合一聚焦点"，只做一件事，就能解决以上所有问题，实现以上所有目标。

《道德经》曰："天得一以清；地得一以宁；谷得一以盈；万物得一以生；侯王得一以为天下正。"

就战略设计而言，应该再加上一句："企业得一以为大业成。"

54. 企业家与老板的区别

为什么同样是开公司、做生意，大多数人被称为"老板"，而极少数才被称为"企业家"呢？

经过多年的实践体会，我认为两者的核心区别，就是"定心"与否。即心性境界，决定企业的经营境界，也决定了领导人的成就。

99%的人，根本没办法"定心"，也就不可能成就一番伟大的事业，也就称不上是"企业家"。

55. 定心至少30年

专业化、聚焦主业、持之以恒、力出一孔……这类的话听起来毫不惊艳，老生常谈，人人都知道这是让一家企业成功的常识。

问题是，这个简单的常识大多数老板却难以坚守。人这一生，受基因所限，生命非常短暂，真正能有效投入事业的时间不过30余年（巴菲特这种人属于万中无一的另类，我们只能仰望、很难效仿）。

我观察的结论是，真正想做成一件大事业，30年是基础的起步要求。30年磨一剑，不忘初心、水滴石穿，这对人的要求是非常高的。

企业的定心过程，非常类似于出家人的"苦修"。企业家不过是在"滚滚红尘与名利"之间修行的人。

定心虽难，也要做，否则，无法完成事业与生命的升华。

56. 战略设计就是"守正专一"

战略设计就是追溯企业自身的"成功基因"，找到可以复利增长 100 年的简单动作，守正专一，自然生长，月月不断，持续 100 年，最终成就不可思议的伟大功业。

能够理解并践行这一信念的，就是"变笨的聪明人"，就是"厚德"之人，方能载物之人。

57. 根据竞争制定战略是陷阱

老板如果根据竞争对手制定战略，就会落入巨大的陷阱。比如，竞争对手搞低价，你把价格降得更低。于是双方就会打起价格战。竞争对手搞广告，你把广告费增加两倍，看上去你赢了，实际上你与竞争对手都输了。

企业战略只有一个指向，那就是客户价值。所有战略，都是为了以更低的成本实现客户价值，实现全心全意为客户服务的目标；在这个战略范畴里，根本不需要考虑竞争。因为凡是不能全心全意为客户服务的，都逐渐死掉了，根本就不会有竞争。

58. 终极战略就是让企业永生

战略分三个级别，小战略关注增长，中战略关注行业领先，大战略关注永生。

企业的最终目标，就是实现永续的生存，因此，终极战略就是让企业永生的战略。而要实现永生，只有一种方法，就是把企业变成"生态型组织"，与客户形成共生体，永远不分开。

生态型组织的特征如下。

第一，建立使命与文化系统，关注团队成员的幸福与成长。

第二，产品简单、流程简单、组织结构简单，不关注竞争，一切围绕客户价值展开。

第三，企业没有激动人心的短期目标，稳扎稳打，水滴石穿，没有惊艳的大动作，都是平常的小细节。

总之，你在原始森林里看不见特殊的风景，但它就是在坚韧地生存着。没有竞争，一切喧嚣都是过路的流星。

第三章　经营正道

59．组织成长，只能循序渐进

很多老板总厌烦于管理的琐碎，希望找到一种一劳永逸的方法，彻底让企业成为自组织、自管理的体系，从而不再为管理烦恼。

这就相当于一个厌烦小学算术的小学生，想找到一个神奇的方法，一劳永逸地解决几何、代数方程、微积分……所有未来的数学问题一样。

这是一种投机心态。管理是一门科学，不根据科学方法论，从基础开始，逐级升华，逐关突破，是不可能把企业做大的。

很多人迷信新的管理理论，以为可以不学SOP、流程管理、6S，就可以打造像"华为"一样的强大组织了……

就相当于想跳过初中代数，就想解决高等数学问题一样幼稚。记住，企业的组织能力成长只能加速，不能跨越。

60．科学管理永不过时

以泰勒为代表的"科学管理"，是根据科学原理，提高生产效率的重大管理理论突破，永远都不会过时，只是作为后续管理理论发展的奠基石，不断被人误解。

"科学管理"的核心思想，是从人的组织行为中发现效率最优解，然后进行标准化复制。

最优化、定量化、标准化、复制化，是科学管理的基础要求。这样才能让组织实现效率提高。

很多老板认为解决了"人的动力"问题，管理问题就会迎刃而解，所以经常用激励方案代替管理方案。

而科学管理与组织激励，是提高组织效率的两条腿，缺一不可。很多时候，管理问题，都是因为"企业内部的知识发掘与传播"不足，而不是动力不足。

换句话说，你给一年级小学生再多好处，他也解决不了大学微积分的问题。不是他不想，而是他不会。

因此，组织建设的基础工作，就是管理科学化，主线就是"组织内知识的积累与传播"。

61. 管理是华为的核心竞争力

任正非说："管理虽然很抽象，实际上也是一种物质性的东西，以前我们对财富这个定义不是很清楚，稀里糊涂打了八年仗，我们才有了初步的认识。什么叫财富？财富就是管理，是文档。万一出了意外，只要我们这些东西都存在，我们可以再建一个新华为，这才是财富。"

任正非对企业财富的认知，非常深刻。华为的核心竞争力，并不是技术，不是一两个人才，而是管理。

技术在不断进步，人才也进进出出。但华为可以在过去30多年的时间里保持持续增长，保持其核心竞争力，靠得是组织管理能力。

这就是任正非说的，以管理的确定性来面对外部世界的不确定性。

因此，华为不依赖技术，不依赖人才，不依赖资本。因为它有组织能力这个最强大的武器。

62．组织能力从哪里来

第一，共同的梦想。创始人一定是造梦人。可以让所有人都热血沸腾的梦想，才能激发群体的斗志。

第二，共同的利益。创始人一定要舍得分，舍得分股权，舍得分利润。华为模式，能彻底激发人的动力。

第三，精益的管理制度。让最优实践可以不断在组织内扩散，形成持续进化。

总而言之，对于企业来说，财富就是组织体系，就是管理能力。一流的企业，一定是一流的组织。

创始人的核心任务，就是定战略、建组织，其他的都是附属品。

63．管理只是"心、育、法"

有效的管理体系与方法论，无论如何变化与命名，其本质不过是文化正心、培训育人、制度定法三件事，即简称"心育法"。

其中，文化正心是主线，培训与制度是两翼。没有"诚意正心"，没有疏通"利他初心"的企业，都是没有灵魂的"机器"，无论对组织如何培训与管理，都像玩"猫捉老鼠"的游戏一样，也不能从根子上解决问题。

以心育人、以心定法、以心唤心，最终实现"万众一心""上下同欲"，才能打造一家真正有灵魂、有生命力，能够永续经营的好企业。

64．培养人才三件事

初创期，老板追求的是让企业今年活下来。度过生存期，老板追求的是让企业长久地活下来。在这个阶段，老板的核心任务就是把企业变成培养人才的道场。

培养人才需要做三件事。

第一，为人才设计盈利模式，让人才可以看到短期及长期的利益。

第二，为人才设计任务模式，让人才有发挥空间，有用武之地。

第三，为人才设计成长模式，让人才自我实现，真正成为追梦人。

但追根究底，要先找到价值观相同之人，同志才能同行。

65．股权激励，强大组织的有效工具

当一家企业处于上升期与稳定期时，可以考虑用股权工具实现激励、留人、优化治理体系的多种效果。

打造强大的组织，必须把优秀的人才变成利益共同体，甚至是命运共同体。

股权就是实现共同的有效工具。华为在这方面表现得淋漓尽致。它通过 TUP 与虚拟受限股的有机组合，实现了中期、长期搭配的股权激励机制，最终形成了强大的组织。所以，我称"股权"为打造强大组织的必备神器。

66．人才首重"德"

稻盛和夫说：人生成功方程式 = 思维方式 × 热情 × 能力。

思维方式即价值观，有正向、有负向。能力有大有小，热情有高有低。这三者的乘积，就是人生成功的结果。

我非常认可这个公式，并把它发展成为"人才三个标准"，即"德""才""胆"。

第一，人才必须有"德"。

"德"是人才的第一个标准，也是最重要的标准。

"德"是指价值观。毋庸置疑，价值观不正的人，根本不可能成为人才。中华文化特别讲究"以德为本"，那么"德"是什么？

用普通社会大众的理解，可以认为"德"是指诚信、是正直，遵守公序良俗，是个好人。但这些表述不够精确，很容易主观化，很容易被不同的立场"误导"。

"德"不是"主观的价值观"，而是客观实在的标准，是能够维系社会正常发展的基本底线。任何人类社会，甚至自然万物，都必须遵循这一底线，否则整体结构的稳定性就会被破坏。

因此，"德"是客观标准，是一切生命体系存在的法则与共识。

那么，到底如何定义"德"呢？根据"生存、交换、共赢、合一"的"生存链哲学"，"德"的定义，就是指"共赢"。

儒家所谓"中庸之道"，指的就是"共赢之道"，就是"德"的定义。

《中庸》云："辟如四时之错行，如日月之代明。万物并育而不相害。道并行而不相悖。小德川流，大德敦化。此天地之所以为大也。"

《中庸》说，四季各有自己的运行时空，日月交替现出光明，万物都要有自己的生存空间与发展路径，不同的事物之间彼此不要相互伤害。这不就是指"共赢"吗？

所以，人才的第一条标准，就是遵循"共赢"的价值观。在利益上，愿意在企业整体利益保障的基础上，追求合理的个人利益。在做事中，愿意主动承担责任，多为别人分担。在人际交往中，光明磊落、无偏无私。

这是人才的黄金标准，不可动摇的第一个条件。

67. 人才必须有"才"

"才"就是指能力，能力不是说出来的，而是通过主动接受挑战，不断完成困难任务之后证明出来的。

因此，靠嘴巴不能证明是不是人才。老板更不能靠亲疏关系来判断人才。

最简单有效的方法，就是通过组织流程的设计，把大组织拆小，让每个人都有机会，平等地接受市场竞争与客户服务的压力。

不同的业务部门，像市场关系一样进行竞争与博弈，实现张瑞敏所说的"只赛马、不相马"机制。

好的组织环境，才能发现人才、培养人才、磨炼人才。

不好的组织环境，就是你好、我好、大家好的"混日子"状态。

这样的组织，只会把人才逼走，或把人才埋没。

因此，人才不是自己冒出来的，更不能单纯地用钱从外面吸引过来。而是通过好的组织结构，让人才自己竞争出来、拼出来的。

68. 人才必需有"胆"

"胆"就是勇气、胆量、魄力。

技术人才，要有胆量独挑大梁，去承担技术创新、攻克难关的勇气。

销售人才，要有勇气开拓新市场，面对新客户，不怕各种抗拒。

领导人才，要有"一夫当关、万夫莫开"的决断与魄力，主动面对困难、奋勇前行，引领众人。

绝大多数人是"先看见后相信"，只能等别人证明是否可行。

少部分人是"先相信后看见"，以梦为马，不断创造不可能。

毋庸置疑，后者就是我们想要的人才。

老板的任务，就是通过战略的设计与组织的优化，通过竞赛机制，让有胆有识的人脱颖而出，让他自己创造岗位，让他自己创造收益，让他自己在惨烈的竞争中成长。

任正非说，从泥坑里爬出来的，才是圣人。

在温室里培养不出无惧风雨的花朵，人才必须经历风吹浪打。

所以，你应该明白，德、才、胆兼备的人才，一定不是老板指定的，而是市场筛选出来的。想把企业做大做强，必须把市场竞争机制引入企业内部，用市场帮你筛选人才。

69．脑力让人小成，心力让人大成

经营之道无他，是基于科学思维基础上的专业主义、利他主义、长期主义的坚守。科学思维是"脑力"，专业主义、利他主义、长期主义是"心力"。

企业经营不好，不仅是因为"脑力"不够，更主要的原因是"心力不足"。"脑力"管一时，"心力"管长期。所以，企业家要不断地向他人学习，补充"脑力"；更要不断地磨炼性情，提升"心力"。

脑力让人小成，心力让人大成。

70．成功的模式一定是简单的

"做加法是本能，做减法是本事"。

如果你面前有 100 种商业模式，如何用最快的方法找到最容易成功的那个？我告诉大家一个高效的方法，就是"优先考虑最简单的模式"。

简单，是优秀商业模式的试金石。简单的模式，不一定会成功，但成功的模式一定是简单的。

简单、垄断、自动、规模……这些标准是选择商业模式的常见标准。

其中，"简单"是最容易被忽视的一条，因为太简单了，太"常识化"了，人人都习以为常，甚至没有"惊艳"的感觉，反而最容易被人否定。

71. 简单，才能做到大规模

财富来源于规模，规模来源于复制，复制来源于标准化，标准化来源于简单，简单才能用最少创造最多。

所以，做成大规模的商业模式，首先必须简单。

简单的商业模式，必须用一句话就能说清楚，让员工明白公司要往哪里去，就可以定心与专注。

让客户明白你是做什么的，可以解决什么问题。

模式简单、产品简单、价值简单，才能形成专业主义，才能形成独特价值。

72. 分红要"分未来、分增量"

年底算分红的时候，老板无论怎么分，员工都不会满意。因为绝大多数公司的分红机制，其底层逻辑就错了。

分红本质上绝不能"分存量、分过去"，而应该是"分增量、分未来"。不能激励员工着眼于未来，不能激励员工着眼于增量，那么无论你怎么分，所有员工都会感觉自己分少了，感觉老板不公平。

老板不要直接决定分红的比例，而要让大家自己去选择、自己去争取、自己去PK。老板只做裁判员与制定规则的人，员工才会满意。

73. 投机者，不得善终

稻盛和夫说，做选择时，不要问得失，要问对错。

在20世纪80年代，几乎所有日本大企业都做金融、炒房地产时，他岿然不动，坚守制造业。

他只相信常识，不追求暴利。所以，京瓷躲开了后来的日本金融与地产崩盘。

什么是常识？常识就是财富源于增量价值的交换，如果你的行为不能为社会创造任何增量的价值，那么你赚到的钱就只能是别人损失的钱。

A靠印一张纸，换回别人一袋大米。A为社会创造什么增量价值了？什么都没有，A不过是偷走了别人的一袋大米。

A靠推销发行自己的收款机，强制别人把0.1%的收入作为手续费提给自己。

那么A发财了，但A给社会创造什么价值了？什么都没有，A不过是偷走了别人的0.1%的收入。

天网恢恢，疏而不漏。不创造增量价值的人，一定会被天道淘汰，投机者必定加倍还回去。从古至今，无一例外。

74. 收费站产品

选择比努力更重要。在组织、产品、客户这个公司经营三角形里，毋庸置疑，最重要的就是"产品"。什么是好的产品？就是可以变成收费站的产品。

收费站产品有五个特征。

第一，自动化。整个产品或服务可以实现自动工作，不需要人才，甚至不需要人手。极大地降低了对人的依赖，完全靠设备或组织系统实现自动运转。

第二，长期化。可以稳定盈利 10 年以上，一劳 10 年"逸"，让企业彻底摆脱不稳定的利润模式。

第三，排他化。相对垄断，不惧怕竞争，因为根本没有对手。通过技术、资源、品牌等的相对垄断，形成目标客户的唯一选择。

第四，规模化。具备庞大的市场潜在空间，可以让企业做大做强。比如，做曲别针的老板，再有工匠精神，也做不到华为的体量，核心原因就是曲别针市场容量太小。

第五，急需化。"急需"是必须马上行动，完全不需要客户教育，只要告诉客户"我有这个产品"，客户就会立即购买，销售根本不是问题。

75．产品，要定位到"急需"

在组织、产品、客户这个经营三角形里，组织是核心，客户是基石，产品是聚焦点。

对于初创企业来说，产品定位是成功之匙。"定位"即聚焦，企业要把产品功能聚焦到客户的"急需"点，一句话就可以卖货，根本不需要复杂的推销。

寻找"急需"点，这是打造产品竞争力的关键思维。

76．企业发展三阶段

企业发展有以下三个阶段。

第一阶段，是产品为王。要打造客户"急需"的产品，超越"刚需"。

第二阶段，是"客户为王"。抓渠道建设，打造飞速增长的渠道体系。

第三阶段，是"组织为王"。通过组织体系，让产品开发与客户扩张形成持续性能力。

77．客户急需点，即是金矿

我把每个行业的生命周期，都划分为春、夏、秋、冬四季。

"急需"就是处于"春天"行业的典型特征。在这个阶段，供不应求，产品稀缺，客户极度渴望产品，只要产品被生产出来，就蜂拥而上、一抢而光。

所以，当产品定位为"急需"品后，销售就易如反掌。只要告诉客户，我们可以提供产品，客户就会无条件购买。

企业增长也就一飞冲天。现在80%的行业产能过剩，经营举步维艰，核心就在于大家不用心去发现客户"新需求"，不钻研产品，而只是在"旧需求"里打转。

彼得·德鲁克说："企业的终极目的，也是经济活动的终极目的，即创造客户。"

因此，定位不是看竞争对手，而是要发掘客户"急需"点。每个急需点，都是一座金矿。

78. 老板不要害怕公司人多

很多老板害怕公司人数太多，因为几乎所有的管理类书籍都说"人多了就会人浮于事、内耗加重，甚至会产生官僚主义"。好像人数多等于低效率，等于成本高，等于不赚钱……

但问题是，几乎每家世界500强，都有成千上万的员工，甚至数十万人。为什么他们不怕"人多效率低"呢？

财富的本质来源于规模，无论你的商业模式多么好，如果没有足够规模的组织体系，没有足够多的人才，是不可能真正产生巨大的市场效益的。

管理真正要解决的，不是效率问题，而是如何在规模足够的组织里，实现更多的人均产出。没有足够的人才与人手，天天谈管理体系，是东施效颦、画蛇添足。

79．员工规模，是企业实力的基石

老板的战略设计，首先考虑可以包容巨大的人才规模，其次才是业绩追求。没有足够多的人才，没有足够大的组织规模，谈增长、谈业绩，都是空谈。

员工人数，也是企业实力的基石。以人才数量、人才规模为导向的战略，才能真正解决中小企业的增长难题。

因此，我们特别推崇生态型组织，因为这种组织可以吸引与培育海量的人才，却不会造成机构臃肿、人浮于事。

生态型组织通过简单的产品或服务实现标准化，可以通过分布式、去中心化的结构，覆盖足够大的市场，服务足够多的客户，吸纳足够多的人才。

组织海量的人才，专注于单一的标准化产品，覆盖广阔的市场，这就是"隐形冠军"的战略选择。

80．管理者是"教练"加"研究员"

管理者的基本任务是什么？很多老板误解为"身先士卒、带领团队"——这其实不是管理者的任务，而是"标兵"的角色。

管理者的核心任务，是"教练"。就是指导团队成长、帮助他们取胜的人。

每个管理者最应该读的入门书是《科学管理原理》，虽然是100年前的著作，但今天读起来一样振聋发聩、直指核心。

科学管理体系里，管理者更接近于"教练"加"研究员"的角色。

所谓"教练"，就是挑选工人，指导工人，提供一切工具，帮工人成长。从科学管理来看，今天的绝大多数组织内的管理者都是不合格的。

所谓"研究员"，就是帮工人找到最优标准工作流程。

所以，我们一定要从基本功入手，不断培养优秀的管理者！这是任何企业成功的根基。

学华为的人很多，但重视科学管理基本功的人很少。没有扎实的管理基本功，谈华为式管理，都是"叶公好龙"罢了。

81. 何谓"心即理"

阳明先生在贵州龙场所悟之道，就是"心即理"，直白来说，就是"良知即天理"。良知、良心就是做人做事应该遵循的法则。

稻盛先生创立的京瓷哲学，用"作为人，何为正确"成为一切价值判断的准则。

二者异曲同工，讲的都是同一个道理。

82. 用"心即理"经营企业

用"心即理"的法则，我们可以明白，老板希望自己的子女过上身心富足的生活，那么就应该帮助全体成员也过上同样的生活。

于东来把企业看成是一所推广美好生活的学校，把员工看成自己的子女，这都是"心即理"的自然流露。

他们的用人理念就是"发自内心的喜欢高于一切"。寻找认同企业文化的人，给他们高薪，再加持续的文化培训与技能培训，让他们感受到内在的美好，他们就成了真正用心服务顾客的优秀人才。

这种让每个人都处在身心富足的企业环境，员工如何舍得离开？

企业即道场，以圣贤之道经营企业，一定是真、善、美好的事业。

83. 经营的复利，来源于伟大的组织

在产品、组织、客户这个经营三角形里，产品与客户都可能随着时间的变迁而变化，是"无常"的存在。

只有组织才是企业永生的命脉，是"恒常之源"。因此，老板一定要重视组织的打造，不能完全以短期回报来建设组织，要用10年、100年的眼光对组织进行长久投资。

就像巴菲特穿越70年周期的复利模型一样，投资的复利来源

于伟大的企业。

经营的复利，来源于伟大的组织。而二者都源于伟大的企业经营哲学。

84．产品与组织的滚动生长

产品、组织、客户是经营三角形，组织是核心，但起点是产品。

产品一定要简单、聚焦、可复制。要专注于客户的刚需，一米宽、万米深，形成客户熟知、不可替代的核心竞争力。

就像"怕上火喝王老吉"这句广告语一样，把你的产品打造成客户刚需的第一选择，甚至是唯一选择。

做到这一点，产品才可能有竞争力，才更容易完成销售。

从这一点出发，组织就可以开始滚动生长，于是不断吸引更多人才进入组织，生产更多产品，服务更多客户，然后再招募更多人才……循环往返，不断扩张。

客户看得见的是产品，看不见的是组织的力量。它是隐藏在后面的真正发动机。

只要组织的使命不改，利他之心不变，组织就可以永生下去。

相反，很多企业今天辉煌、明天倒塌，看得见的原因是产品滞销、利润下滑，看不见的是"使命褪色"所引发的"组织堕落"。

以利求天下，利尽人散。以义求天下，愚公移山。

企业的永生，就是如此简单。

85．同志才能同行

从平凡到伟大，必须确立帮助企业员工实现身心富足的价值观与企业文化，打造文化育人的组织。

度过生存期之后，企业家的核心任务就是重塑组织，把业绩考核与价值观考核同步化，不能过度强调业绩激励以及个人激励。

要更多地强调价值观激励与团队激励。激励方式是文化落地最好的抓手。老板激励什么，员工就会表现出什么样的行为。

要从招聘开始，吸引价值观同频的人。

就跟名校只会招募分数最高的学生一样，要把价值观与能力评价体系模型化、分数化。

只有得分高的人，才是我们想要的人。这样就从源头把握住了人才的文化共识。

同志才能同行。

86．绝对产品力就是绝对营销力

无论销售话术多么厉害，无论促销政策如何诱人，客户本质上买的是产品。

所以，绝对产品力，就是绝对营销力。真正有效的营销策略，一定是从产品打造开始的。

衡量一个产品是否具备强大营销力的标准，就是看能否用一句话来卖货。

也就是说，客户一听就想买，根本不用额外解释、不用降价促销、不用赠品捆绑、不用长期跟进服务……

总之，就是把产品价值之外的任何附属品都去掉，客户还是无法抗拒的想要购买，这就是绝对产品力。

但很多老板没有耐心打磨产品，把精力都放在流量上了，总想赚快钱！真是短视！

87．流量红利，必不长久

现在很多人痴迷于流量打法，但靠流量红利，一定是不长久的。

在近20年的营销观察中，我见证了搜索引擎时代、博客时代、视频网站时代、团购时代、微博时代、微信时代，以及现在的短视频时代……

我很确定一点，就是流量红利根本就没有持续性，企业如果把精力都放在研究流量上，就是本末倒置。

一波流量红利最多 3~5 年，而且真正获利的也是少部分人。等大多数人发现这个机会的时候，这个机会也被巨头瓜分完了。

只有优秀的产品，以及优秀的服务，才能笑傲于任何时代的流量平台，立于不败之地。

产品、客户、组织，这个经营三角形是真正的核心，老板要把 90% 的精力放在这个三角形的打磨上，就可以基业长青。

88．一定要聚焦

完成第一桶金的老板，很容易分心去搞多元化。因为只要有点成绩，身边就会聚集起大量的资源与人脉，诱惑必然多了起来。

如果不是使命与价值观驱动的人，很容易分心，看到哪里有钱就跑去哪里。

所以，我不断提醒老板们，企业一定要聚焦。否则，前面赚到的钱，很容易亏掉。

89．聚焦期不能太短

聚焦的核心是找到自身优势与客户需求的共振点，一以贯之，持续不断地积累与改善，最终才能形成"遥遥领先"的竞争优势。

聚焦点的选取是非常难的一件事。大多数老板的第一桶金都是机会型成功，完全是靠偶然与运气碰到了一个突如其来的风口。

而第二桶金的持续积累，则需要远见卓识，通过清晰的战略规划，才能找到新的战略性机遇。然后集中一切力量，汇集一切资源，聚焦于此，持续精耕细作。

就战略有效期来比较，小企业看3年，中企业看10年，大企业看30年。因此，聚焦期不能太短。否则，根本无法形成核心竞争力。

90．心力不够，就容易分心

聚焦有很多好处，可以形成强大的竞争优势。但为什么很多老板却很难聚焦一项业务呢？

核心不在于难以取舍，而是心力不够。事业到最后，是创始人心力的外化。

心力不够，就容易分心。浅尝辄止，总想走捷径，容易被诱惑。

小朋友的智商训练之一，就是专注力。很多小朋友没办法专注做一件事。长大后就很容易形成缺乏耐心的习惯。

所以在事业上，不要担心竞争的问题，因为绝大多数人都在半路放弃了，走到最后的寥寥无几。

选择比努力更重要，坚持比选择更难。所有事业的最后赢家，都不是起跑时冲到第一的人，所以，时间很长，终点属于唯坚韧者。

91. 投机就是"零和游戏"

我经常劝诫老板们，不要着急赚钱，要走正道，不求快，但求对。

商业世界跟物理世界一样，是有底层规律，有第一性原理的。那就是"让员工身心富足"。凡是遵守这个原理的企业，就会越来越红火；凡是违背这个原理的，则很难做大做强。

任正非说："所有投机行为，最终都是要还的。"

投机就是"零和游戏"，就是一家赢、必有一家输。经营尤其如此，靠坑蒙拐骗、夸大宣传赚来的，一定会加倍还回去。

92. 关注组织才能把企业做大

小老板关注销售，大老板关注组织。

不是把企业做大了才会关注组织，而是关注组织才能把企业做大。

如果中国每个企业家都像于东来一样，悟透了人生的价值与意义，那么大家都会去做心安的事，赚快乐的钱，企业家都通过全员努力，让全体成员过上身心富足的生活，让社会变得更美好！

93. 用"写"强迫老板学习与思考

我经常建议老板，每天坚持写短文。长可以上千字，短可以两三百个字。字数不重要，关键在于形成每天写作的习惯。这个习惯有很多好处，短期看不出来，长期就可以形成巨大的力量。

写作是一种倒逼机制，逼迫自己形成每天学习、每天思考的习惯。

思考是非常消耗脑力的事，所以大多数人不愿意思考。但老板必须思考，否则就会每天陷入焦虑与忙碌之中，却长期不能解脱，被企业琐事困在迷宫里。

认知决定存在。企业的一切现状，都是老板思维局限造成的。

不要把责任推卸给环境。

通过"写"就强迫老板思考与学习，突破自己。

而且不能写一些时髦热点，不能写浮于表面的花招。必须写有内涵、有意义，真正经得起时间考验的东西。

这就迫使自己要形成日常思考的习惯，否则根本写不出任何东西来。

94．客户的价值

客户是支撑企业生命力的沃土，我们可以从客户那里获得远超过订单的价值。整体来讲，客户有四大价值。

第一，帮我们改进产品与服务。客户是后续产品升级信息的第一手来源，正确的资讯，才会有正确的决策，客户就是这个灵感的源泉。

第二，转介绍。口碑传播是好产品的试金石。如果你的转介绍率不高，大概率是产品没有让客户感觉超值，甚至惊喜。

转介绍也是低成本的营销手段，与其靠利益"收买"客户，不如靠品质赢得客户主动传播。

第三，成为代理商。很多企业招募代理，优先从忠诚客户那里开始，因为他们对企业的认同度更高，更容易成为合作伙伴。

第四，锻炼公司的人才。只有在市场一线，持续接触客户，与客户沟通，才能考验并锻炼人才。无论技术研发，还是市场营销，所有岗位都应该经常接触客户。

客户的好评会成为员工的最大奖励。客户的差评会倒逼内部快速改进。

客户是人才的导师，不收费的教练。因此，企业内部无论上下哪种岗位，都应该紧密联系客户，以客户为师，持续沟通、持续服务。

但很多企业到一定规模后，反而会淡漠对客户的服务，埋下未来衰败的伏笔。因此，一定要以客户为中心，塑造企业的组织体系。

95. 企业文化包括哪些内容

企业文化是指导企业经营的纲领性文件，未来企业的一切实践都要从中生发出来，因此，一定要字字慎重，它是创始团队深思熟虑的结果。具体来讲，《文化手册》至少要包括六个方面的内容。

第一，经营哲学。它是所有其他文化元素的根本产生逻辑。是企业一切行为的第一驱动力。

比如，京瓷哲学是：任何行为都不得违反社会的一般道德标准，要符合做人的道理，随时都要以"何为正确的做人准则"为标准来做出判断。

第二，企业使命。即企业对社会的价值与贡献，是驱动全体成员长期努力的利他性方向与愿景。企业使命，就是为客户创造价值，让员工身心幸福。

第三，价值观。即什么行为是对的，什么行为是错的。比如，万企的价值观是"走正道、做服务"。

那就意味着符合正道的才能做。比如说真话、做对客户有积极效果的事，不能仅依据自身的利益做决策。

第四，激励机制。即如何激励成员。是强调个人激励，还是团队激励。是强调财务指标，还是强调客户效用指标。

不同的激励方式会产生不同的价值导向。这些都要与经营哲学相匹配。

第五，企业定位。即给客户具体创造哪方面的价值，企业要专注于哪个领域。

这一定是长期不变的聚焦方向，才能汇聚所有成员的精力与智慧，形成合力。

第六，榜样。企业要向谁学习，要达到谁的高度与成就。

榜样可以是本行业的，也可以是其他行业的，一定是能引发员工动力与崇拜的对象。榜样的力量是无穷的，当大家懈怠时，可以提醒自己。

总之，企业文化是企业经营的灵魂，一定是从企业内部生长出来的，才有生命力。

96. "资本"容易腐蚀企业初心

企业上市不是坏事，但资本市场离钱太近，很容易让人急功近利，背离企业的创办初心。

伟大企业追求的是解决社会问题，而资本市场存在的意义在于"股东利益最大化"。

前者是使命驱动，后者是利益驱动，两者存在根本的差异。有时甚至表现为极度的矛盾。

而一旦企业上市，无论创始人如何坚守，巨大的利益也会诱惑其他人堕落为"股东利益最大化"的帮凶。

所以，很多伟大的企业选择不上市，用其他方法解决企业发展的融资问题。甚至主动减缓发展速度，降低融资需求。一切都要服务于企业使命，这就是真正"艰难而正确的选择"。

97．企业文化是内部生长出来的

企业文化一定是老板经过深思熟虑的，结合自己的思维逻辑，与全体成员的共同意志，而逐步完善与打磨出来的。

绝对不能随便抄袭。否则，就没有生命力。

因此，企业文化不要试图一步到位、永远不改，也不能朝令夕改、随便调整。一定是逐步完善、内部生长、全体共创出来的。

它全面反映了经营集体的世界观与价值观，更是企业所有经营方针与举措的总纲与底层逻辑。

因此，创始人要持续向全体成员解释每一条的重要意义，更要持续强化其内容的具体实践与价值。

君子务本，本立而道生。

企业文化就是企业的本，有了这个思想指导，才能有成功的企业。所有伟大的企业，一定是优秀文化的贯彻者。

文化兴则企业兴，文化兴则国家兴。

98．如何做好客户服务

企业要想做好客户服务，必须做到以下三点。

第一，要善待员工。老板对员工的态度，就是员工对客户的态度。真心才能换来真心。

所以，企业的服务文化，是从内生长出来的，有诸内而形于外，企业内部没有的，也不可能给予客户。

第二，让员工参与自主管理。员工，尤其是一线员工，他们直接接触客户，最了解客户的需求，最清楚客户想解决什么问题。因此，一定要授权员工自主决定如何行动，给予足够的信任与支持。

第三，企业一定要变成"以客户为中心"的扁平化组织，把员工分成直面市场与客户的小组，为经营负责，为客户负责，一切围绕客户展开企业运营，减少中间层级，减少企业流程与内耗。

总之，任何企业都是服务业，都要为客户的体验与结果负责，这是企业的生存之道。

99．利益驱动型公司为何短命

利益驱动型公司大多短命，无论其曾经多么辉煌，也很难活过10年。为什么呢？不是这个行业的问题，而是这类企业的初衷就是"赚快钱"，口号就是"业绩治百病"，文化就是"成功学"，激励制度就是"拜金主义"。

这类企业就是"急功近利"的一群人组成的团伙，怎么可能长寿呢？所以，我判断一家公司能活多久，只看一条：这家公司是利益驱动，还是使命驱动。利益驱动的，一定是短命的。

根据"生存链哲学"，一切生命的第一驱动力就是生存，而生存就需要与外界进行物质、信息、能量的交换。效率最高、最持久的模式就是"共赢"，稳定的"共赢结构"形成"合一体"。

根据"生存→交换→共赢→合一"的模型，我们很容易判断出来，一个组织要想长久、持续生存，必须坚守"共赢"与"利他"文化，必须以客户利益为根本，以团队利益为主导，构建整体的组织架构与激励机制。

很可惜，"利益驱动"型组织里，最推崇的不是"与客户共赢"，更不是"全心全意为客户服务"，甚至不是"与团队伙伴共赢"。他们只认一条：赚钱为王。谁能赚钱谁是英雄，客户能坑就坑、能骗就骗——这就是此类组织的真实面目。

100. 使命驱动，控制欲望

企业家之所以成为企业家，不是因为他的企业有多大，而是因为他是使命驱动的，真正为客户解决问题，为团队搭建幸福社群的，为社会创造价值的……也就是真正践行共赢文化的企业。

所以，我才不断地对老板说，要立志做企业家，而不是唯利是图的商人。否则，你的公司一定活不久，你的事业一定短命。

一定要坚守"长期主义"和"利他主义"，适当放弃短期收益，不要对市场或客户涸泽而渔，要慢慢积累，稳健增长。

像巴菲特一样控制欲望，慢慢变富。像稻盛和夫一样，保护全体成员的共同利益。像任正非一样拒绝投机，长期做难而正确的事。

中庸曰："君子之道，暗然而日章。小人之道，的然而日亡。"

老板要警惕自己，"赚快钱"是毒鸡汤，切记！切记！

101. 无为而治的组织

老子倡导"无为而治"，即"处无为之事，行不言之教"。这种理念其实也可用于企业组织治理。

这听上去有点不可思议，但以海尔为代表的众多企业，已经开始实践这种"无为而治"的组织架构，并取得了不错的成果。

尤其对于追求自我价值的新一代年轻人来说，过去那种科层式组织在逐渐失去光环。因此，企业家一定了解如何向"无为而治"的组织形态进化。

老子说："我无为而民自化，我好静而民自正，我无事而民自富，我无欲而民自朴。"听上去有点不可思议。员工怎么可能自我教化、自我纠正、自我创富呢？

其实上，老子所说的，不是一种"理想"状态，不是一种"完美社会"的乌托邦想象，而是完全可以实现的民众自治的状态。

企业领导者的认知，决定了他会把员工当作什么样的人，于是就会推广什么样的"企业文化"与组织架构。于是，员工就表现出什么样的行为。

所以，员工的行为，其实就是企业领导者思维的镜子。

如果你相信员工是不可信的、懒惰的、不上进的，那么你的组织吸引过来的，都是这样的人。于是更加强化了你的认知。

同理，如果你认为员工都是可信的、愿意承担责任并创造价值的、有自主创新精神的，那么你的组织环境就会吸引这样的人过来。

所以，把自主决策、自由创造能力还给企业员工的组织，就会诞生"无为而治"的场景。老子所说的"自化、自正、自富、自朴"，才会出现在你的面前。

102. 生态型组织才能长存

生态型组织，就是"无为而治"。

一家企业很容易消亡，除非他根本不是一个"生命体"，而是一个"生态"。没有人在管理整个原始森林，但这个森林里自己会不断地涌现各种各样的生物，不断产生优胜劣汰的竞争，不断地自我更新、自我修正。

森林里每天都有生物创生，也有生物灭亡，但整体永恒长存。这就是生态型组织。

很多老板喜欢军事化组织，感觉执行力强，出成果快，总想最快速地成为"行业第一"——这明显就属于短视的行为。

老虎是森林之王，很威风吧？最容易灭绝的就是老虎，因为它需要消耗大量的食物能源，一旦出现天灾，它的食物减少，第一个灭绝的就是它。

企业追求的不是短期的胜利，而是百年生存、行稳致远。因此，只有去中心化、去科层制的生态型组织，才能像森林一样，无处不在、无孔不入的渗透到客户群体之中，无论任何风雨与经济周期，都能平安度过。

103. 两个"全心全意"才能持续进化

10多年来，我面谈过成千的老板。我发现绝大多数人都是靠着一波红利赚到的第一桶金，然而红利过后，就开始走下坡路，企业越做越小，最后消亡。

很少有人可以吃到多轮红利，笑傲10年以上的。因此，我得出一个长期观察的结论：绝大多数老板注定不会成功，绝大多数企业注定无法长寿。原因并不复杂，因为他们无法持续进化。

企业如生命体，不能进化的，就会被淘汰。

张瑞敏说：没有成功的企业，只有时代的企业。

企业的成功，本质上还是"物竞天择、适者生存"的自然选择结果。适应了一段时间的自然环境，就可以生存下来；但环境会不断变化，而且是"不声不响"地变化，企业过去成功的优势，很可能变成新环境的劣势。

因此，在旧时代越是成功的企业，在新时代越容易被淘汰。自然界的选择法则，与社会经济的世界，一样的残酷。

因此，我反复告诫企业老板，一定要做到两个"全心全意"，一是全心全意帮员工身心富足，二是全心全意为客户服务。

因为员工是"根"，客户是"土壤与环境"，只求赚钱，不顾员工，不愿意服务客户的企业，就属于没有根、脱离自然环境的生命体，昨天辉煌得有多快，今天倒下的速度就有多快。

104. 行正道者必遇困厄

企业经营，很类似玩游戏时的"升级打怪"过程，由小到大的发展之中，会不断碰到各种各样的挑战与困境，需要一关一关地打通，一层一层地破圈。

如果一家企业发展过程中没有碰到任何困难，那么大概率它的成功是"时势造英雄"，随风口而起，也会随风口而落。尤其是刚开局时，走正道的企业往往会更难，因为"行正道者必遇困厄"。

105．正道之难，源于"小我"

人性容易趋利避害、急功近利，做短期的抉择。

因此，"正道"往往意味着逆反人的贪婪、懒惰、盲从等"小我"意识，让人做出超越小我，追求"大我"的选择。

所以，不是正道本身有困难，而是克服"小我"思维很难。

但也正因为克服"小我"很难，所以"正道"更彰显其深远的意义，就是真正的可以砥砺心性、磨炼灵魂。

106．伟大的事业从哪里来

伟大的事业，创生于伟大的心灵。而伟大的心灵，往往是通过一道道的磨难，才能雕刻出来的。

想成就伟大的事业，就必须做好千难万险的准备。否则，没有锤炼出伟大的心灵，就不配得上拥有伟大的事业。

芒格说："如何才能得到自己想要的东西？答案很简单，自己必须配得上才行。人这一辈子，活到最后，配得上拥有什么，基本上就会拥有什么。"

纵观我们的一生，世界对我们非常公平，伟大的心灵，配伟大的事业；平凡的心灵，配平凡的人生。仅此而已。

107．每家企业都应该连锁化

很多老板对连锁经营有种片面的认知，以为只有餐饮、服装等基于门店的行业可以做直营或加盟的连锁模式，而制造业、大总部的行业等一起办公的行业，无法做连锁。

这其实是对连锁经营的巨大误解。任何行业都可以做成连锁模式，因为它是一种组织机制，是一种分权、分利、分担的思维。

108．连锁的本质

要想了解一个概念，就要对它有清晰的定义，定义如果片面或错漏，那么一切理解都是误解的。

首先我们来重新定义连锁这个词，连锁是指经营单元的拆分与标准化复制。

这个定义里，有以下三个关键词。

连锁定义的第一个关键词是经营单元，如果一个单元不是经营性质的，也就是无法核算具体的收入与支出项，是无法计算真实利润的，那么就无法定义为"经营单元"。

比如，一家公司的市场部是容易定义为经营单元的，因为收入与成本很容易计算。

而行政部是不容易定义为经营部门的，因为行政部大多数工作不直接创造收益。

因此，所有能核算收入与成本的组织部门，都可以定义为经营单元。也就是说，都可以改造成连锁组织模式。

连锁定义的第二个关键词是"拆分"，为什么一定要拆分呢？因为只有拆分，最好是3~5人为一小组，才能责任下沉、收益下沉、风险下沉，才能减少组织内部摩擦成本，让每个人都集中全力为经营利润负责，把精力都放在服务客户、创造价值上，让人才有高收益激励，让无能之人自动被淘汰出局。

如果不拆分，就一定会产生内部沟通协调问题，出现搭便车、大锅饭现象，没人对业绩负责，大家都不承担风险与责任。结果，公司所有人看着老板一个人干活，老板累死也做不大。

所以，拆分是优化组织管理的核心方法。

连锁定义的第三个关键词是"标准化复制"，只有标准化才能复制。为什么现在大量的中餐连锁在最近20年井喷式增长？核心原因就是解决了中餐标准化的问题。

因此，经营单元的经营产品、经营运作都要标准化，而标准化的前提是简化，就是"用最少创造最多"。即用最少的品类、最少的动作、最低的员工要求，就可以实现最大化的经营目标。这样才能快速复制，规模才能迅速做大。

连锁模式最大的好处，就是公司规模越大，老板越轻松。形成真正的规模经济效应。

109．连锁的普适性

不但餐饮、服装可以做成连锁，制造业工厂内部也可以做成连锁。

比如一家工厂，可以把某一生产环节拆分成多个班组，独立核算其经营业绩，标准化其产品和动作规范流程，然后进行复制——这就是连锁化组织改造，可以很快看到优秀的人才脱颖而出，无能之人快速出局。

很多制造业工厂老板跟我诉苦，为什么留不住优秀徒弟？为什么他们总学会技能就出去单干？还抢原来公司的客户？

我说那是因为利益决定行为，你没有把工厂变连锁，优秀徒弟没有机会在工厂内部独立核算、提高收益，当然会离开单干。

所以，连锁是一种高效的组织管理手段，是一种内部创业的人才机制，是一种深刻理解人性与社会运动规律的思想。

连锁的好处太多了，几乎每家公司都可以借用连锁思维改造企业。

第一个好处是可以解放老板。每个连锁单元都为自己的利益而奋斗，都像老板一样思考问题。

由"给别人干"的雇佣关系，变成"给自己干"的内部创业合作关系，员工的主观能动性会大幅度提高。老板当然轻松。

第二个好处是可以快速裂变式增长。由于连锁单元都是标准化的产品与流程，对人的要求大幅度降低，所以可以批量培养、快速上岗。

连锁单元越多，企业规模越大。而且都是独立经营，自负盈亏，把企业的固定成本，分拆为各个连锁单元的固定成本，大大降低企业增长所带来的隐性成本压力。

第三个好处是可以广泛吸引海量的人才。优秀的人才不会长期给别人干，与其约束他，不如成就他。

连锁单元就是内部创业单元，可以吸引大量的岗位内外想创业的人。人才是企业的竞争力的根本来源。

老板不要把自己变成超人，而是要搭建吸引超人的环境与平台。连锁单元就是成就优秀人才的最好舞台。

总而言之，连锁的本质就是市场经济的本质，通过责、权、利的拆分与下沉，充分激发人的主观能动性，最大化实现社会的整体利益。

110. 品牌到底是什么

品牌的基础特征有三个，一是"低成本识别与记忆"，二是"唤起行动"，三是"特殊符号"。

请看下图，我认为它是全世界最好的品牌之一。

看到上面这个"警告"符号，几乎不用任何语言与解释，你都能马上识别出来，快速理解其中的意思，就是有危险，要当心。然后你就会提高警惕，小心行动，避免意外。

如果你的品牌能达到这样的表现效果，你就超越了99%的品牌，可以节省大量广告费用，达到快速传播的效果。

为什么"警告"符号如此有效呢？因为它完全符合上述三个特征。

第一，低成本识别与记忆。人类是先进化出视觉，然后才是语言，最后才有文字的。

世界范围内人类拥有文字的历史不过才 5000 年到 1 万年，拥有语言能力是 30 万年前，而拥有视觉识别能力则为 6 亿年前，那时的原始动物开始出现可以感光的蛋白斑块。

越是底层的能力，越是稳定的；越是简单的技能，越是低能耗的。也就是说，人类视觉识别能力的能耗成本最低，而文字能力的能耗成本最高。

品牌的基础功能，就是把产品价值抽象成简化的符号，让人们可以完全不费力地识别与记忆。

例如，已经形成规模的大众消费品企业的标志，很多都符合这个原理，比如，Apple 标志，就是咬了一口的苹果；麦当劳标志，巨大金色的 M 形拱门；耐克标志，一个简洁的勾线。

如果你的品牌图案过于复杂，那就会大大提高顾客识别与记忆的能耗，就无法植入顾客的心智，更无法达到驱动购买的目的。

第二，品牌要完成"唤起行动"的目的。记忆只是第一步，要让顾客想到你的符号，就产生联想，直接驱使他产生购买行动。

这里的关键就是让你的符号与顾客内心的固有行动"心锚"紧

密关联。

比如，餐饮行业很多用大厨高帽子做符号，这就是唤起心锚，让人想到美食，学校标志常用书本，医疗机构常用红十字，都是一样的道理。

所以，品牌千万不要复杂化，一定要简化、易联想化、符号化，最终目的都是让顾客低成本识别、低成本记忆、低成本唤起行动。

111．品牌属于虚拟世界

品牌与产品是不同的事物，产品是存在现实世界里的，品牌是存在于人类的头脑里的。

要想更深入了解品牌的形成原理，就必须理解人类的认知原理。从本质上看，人类的头脑获得的并不是世界的真相，而是利于生存的"虚拟界面"。

美国认知科学家，唐纳德·霍夫曼在《眼见非实》一书中提出一种颠覆性的观点，即人类对现实的感知从根本上是有缺陷的，进化以一种优先考虑生存而不是准确性的方式塑造了我们的感知。

他进一步提出了一种"感知界面理论(ITP)"，即人类的每个感知系统都是一个用户界面，就像电脑桌面。这个界面是由自然选择塑造的；它可以因物种而异，甚至因物种中的不同个体而异。

呈现真实性质不是人类感知系统的目的，相反，它的作用是隐藏真实性质——就像电脑桌面图标是为了便于使用，而不是反映电脑真实结构。这样才能避免晶体管、电压、磁场、逻辑门、二进制代码和软件编码的烦琐细节把你绕晕。

人类所感知到的空间和时间并不是客观实在，只是适应性信息的一种数据格式，一种用来对信息进行压缩和纠错的格式。时空中的物体并不是客观实在的本质呈现，仅仅是关于适应性的信息，以一种符合智人需要的特定图标形式编码。

更进一步可以推论，时空只是人类感官制造出来的虚拟现实，人类看到的东西都是头脑的发明，只要一瞥就能创造它们，眨眼之间就能摧毁它们。

简而言之，进化要求对感知进行适应性改造，适应性改造必然导致对外界信息进行压缩式编码，压缩式编码形成虚拟界面呈现，这个虚拟界面，就是人类感知的时空。

王阳明说："你未看此花时，此花与汝心同归于寂；你来看此花时，则此花颜色一时明白起来。"

根据 ITP 理论，何止品牌是一种人类心智中的虚拟符号，万事万物只要能被人类感知的，就都是虚拟符号，与电脑桌面上的虚拟图标没什么两样。

如果感知界面理论是对的，那么人类的世界都是自己虚拟出来的，那也就意味着，人可以自由创造自己的梦想世界，人类可以得到真正的身心解放！

112. 价值观就是企业的命运

人们常说的"三观正不正"指的是世界观、人生观、价值观。

世界观是指你是如何理解这个世界的，考察的是你的"自然科学"基础。

人生观是指你是如何理解自己并规划人生的，考察的是"对自我的理解与定义"，接近"心灵科学"。

价值观是指你是如何理解人类社会、如何判断道德行为的，考察的是你对"社会科学"的认知。

因此，世界观、人生观、价值观，对应人类的三大科学范畴，即自然科学、心灵科学、社会科学。

社会科学研究的是"人与我的关系"。自然科学研究的是"物与我的关系"，心灵科学研究的是"心与我的关系"。

价值观本质上是指"人的社会行为"中，什么是对的，什么是错的。其中包括对企业内部人与人之间的行为准则，也包括企业与客户、与供应商、与合作伙伴等的行为准则。

根据"生存链哲学"，生命体都在"生存→交换→共赢→合一"

的演化循环之中生灭，因此，企业的价值观符合"生存链哲学"，就逐渐获得生存优势，放大物质、信息、能量的交换效率，从而发展壮大。

相反，企业的价值观如果不符合"生存链哲学"，就会破坏自身的生存基础，交换效率越来越低，最后逐渐消亡。

所以，企业的价值观不是挂在墙上的口号，而是实实在在作为企业一切行为的底层操作系统，从中可以生长出无数善果或恶果的。

看一家企业能走多远，最简单直接的办法，就是看他的价值观。战略选择、组织搭建等都是价值观的外延。

很多老板评价好坏对错的标准，完全是基于功利主义，就是唯业绩是图、唯利是图。这样的价值观，很容易堕落成：为了赚钱，无所不用其极——这样的企业，能干出什么事，大多数人都能猜出来。

所以，价值观是企业老板心性的外化，什么样的老板，就会有什么样的价值观，就会有什么样的企业命运。

很多所谓的"大佬"，昨天有多风光，今天就有多落寞。本质原因，就是价值观出了大问题。

价值观就是企业的命运预言，高杠杆、高风险、高债务的企业，试图一夜暴富的老板，大多最后惨淡收场。

113. 何谓"正确的价值观"

有人说，价值观无所谓对错，只是不同的行为准则罢了。这句话大错特错，价值观既是行为准则，更是道德准则。"道德"不是可以根据立场、信仰随意设计的，而是所有人类社会都必须共同遵守的。

也就是说，道德不是主观的，而是客观的。不依文化、宗教、民族背景而改变。

任何企业的价值观，都可以简单、清晰地分类出：好的，还是坏的；对的，还是错的——绝对不能用"不同的行为准则"来含糊其是非判断。

正确的价值观，只有一个，任何企业践行这个价值观，就可能发展壮大、长久生存；错误的价值观千奇百怪、五花八门，很多带有迷惑性，但无论语言多么花哨，最终都会将企业引入歧途。

我常说：成功的企业都是一样的质朴，失败的企业各有各的花招。

质朴的企业，信奉的都是一样的价值观：以客户为中心，以奋斗者为本，长期艰苦奋斗，坚持自我批判。

是不是听起来很耳熟？对，这就是华为的企业文化宣言——这就是企业经营的正道，这就是正确的价值观。

我们万企的价值观是：走正道、做服务——更加简洁，但也是同样的意思。走正道，是指不求快、只求对，心怀利他，日拱一卒；做服务，是指全心全意为客户服务，成就客户。

企业的成功只有一个标准，就是长久地活着。而想长久地活着，就必须符合"生存链哲学"，通过共赢实现长久的交换，最终与客户合一、与员工合一、与社会合一。

只要客户活着，我们就可以活着；只要员工活着，我们就可以活着；只要社会活着，我们就可以活着。

服务客户，与客户共赢，就是唯一正确的价值观，唯一能让企业长久活着的价值观。此外，皆是旁门左道。

114．向外求，永远不得佛之真义

老板通过改造企业，来改造自己的心性。因为企业就是老板心性的投影。

修佛不必去寺庙丛林，企业的一线就是道场，客户所在之处，就是道场。

佛法的本义是放下，是向内求，是借事炼心。心性若觉醒，自然会与外面的世界圆融无碍，自然会专心于企业经营，把企业的产品做好，把客户服务好，让员工与经销商、合作伙伴都能身心富足。

稻盛和夫判断事情对错有句名言：作为人，何为正确。

仅凭这一句话，他就觉悟了企业经营的根本法门，他所创办的两家企业都成为世界 500 强，就证明了他的"心性境界"。

所以，如果一个老板真信佛，那就用心读稻盛老先生的书，践行他的方法论，从专注研发、打造阿米巴组织、稳健财务管理等方面入手。

稻盛先生的书，你每天诵读，自然会与稻盛先生心心相印、心灵相通，企业的问题基本上都有了答案，怎么可能经营不好呢？

我经常说，如果你很苦恼企业的问题无法解决的话，那你就问自己一句话："如果我是稻盛和夫，我该怎么办？"

智慧在每个人的心中，每个人都能找到答案，只是很多时候被"贪婪"之心所蒙蔽了。

115. 一沙参天道，一叶证菩提

一沙参天道，一叶证菩提。

在企业经营的道场里，力出一孔、日拱一卒，坚定为客户服务，持之以恒、风雨不改。你试试这样坚持 30 年之后，你的企业会如何？你的心性会如何？

116. 老板不要轻言"转行"

一些企业经过成长期、高峰期之后，往往转入低谷期。这时老板往往容易对老业务产生"灯下黑"的偏见，以为这个业务没有成长空间、没有机会了，于是总是看别人的项目更好，甚至想转行。

但我十有八九会建议他：不要轻言转行，做好现在，更容易成功。

隔行如隔山，看别人的行业很赚钱，实际上那是因为不了解别人的行业。

离开本行业、进入新行业，还能取得成功的难度是100分。而把现有行业的现有业务重新升级或优化，比如进行组织变革、产品创新等，使之扭亏为盈，其难度是10分。

也就是说，转行的难度比升级的难度大10倍。因为老板要重新学习另一个行业的知识，建立另一个行业的资源与人脉，在另一个行业站稳脚跟，没有3~5年的摸索，是不可能成功的。

老板不要轻言转行，优化、升级现在的产品、客户或组织机制，才是最易见效、最安全的战略选择。

所以，我常对传统企业老板说："转型不转行，升级不放弃。"

我以前结识一家广东本地特色食品厂，老板的"二代"接手后，就是感觉公司没希望，30年没改过产品结构，销量多年上不去，半死不活的，还经常亏损。

于是，"二代"直接把食品厂卖了，接手的是十几位在本厂里干了20年的一群阿姨。"二代"以为工厂也熬不了多久就会最终倒下。

没想到的是，一群阿姨居然很快让工厂业务稳定下来，并开始盈利。"二代"跟我说时，他感觉不可思议。

这群阿姨到底做了什么呢？也没有什么了不起的大动作，就是把过去忽视的几个细节做好了，比如经销商的维护工作，生产流程的优化工作。

在这个"二代"啧啧称奇的时候，我告诉他："没有做不好的公司，只有做不好的老板。"与其到别人的行业碰机会，不如扎扎实实把企业做好。

企业经营不好的根本原因，往往不是外在的，而是老板的思维碰到了天花板。是老板的大脑无法升级了，才误以为是公司业务碰到天花板。

需要转型的，正是老板的思维。

117. 老板该如何"升级思维"

第一，一定要向标杆企业学习，无论是本行业的，还是另外一个行业的，只要是优秀的公司、优秀的企业家，都值得我们学习。

第二，一定要多走出去学习，不要怕学了用不上。只要有一句话有帮助，就值了。学习的最大用途，就是发现自己身上的不足，"知不足，然后知进步"。

第三，也是最重要的，一定要读任正非、稻盛和夫这些优秀企业家的文章与书籍，从伟大的灵魂之中汲取心灵的力量。

成就任何事业成功的终极力量，都是"心灵之力"，简称"心力"，而心力由愿力、专注力、精进力构成，心力不强，任何聪明都是"小聪明"；心力强大，即使最简单、质朴的方法，也会产生水滴石穿的奇迹。

修心，才能修业。

118. 不要陷入"好产品误区"

很多老板容易陷入"好产品误区"，经常对我抱怨："自己的产品这么好，客户为什么不买？"

其实，这真的不怪客户。90%的老板不懂客户要什么，只是站在自己的世界里"迷之自信"，这样的人，永远也经营不好企业。

要跳出"好产品误区"，100%进入客户的世界，给客户设计一套问题的解决方案，然后把你的产品嵌入到这个方案之中，这样你才可能打动客户。

从本质上来讲，客户买的不是任何企业的产品，而是自身问题的解决方案，产品只是解决方案的载体。

换句话说，任何企业卖的其实都不是产品本身，而是咨询服务，是给客户提供一套咨询解决方案，让客户可以用更低成本、创造更大效益。

所以，任何行业都是咨询顾问行业，任何行业都因利他之心而存在，所谓的"好产品"，不过是嵌入到咨询方案里的附属品。

119. 答案在现场

当你站在客户的世界里观察问题时，答案就会自动浮出水面。

稻盛和夫说：答案在现场，要贯彻"现场主义"。

这句话可以换成"客户要的咨询解决方案，就在客户的现场、客户的门店、客户的公司、客户的生产线……"

你只要真正走进客户的世界，100% 的体验客户的苦恼与渴望，你的产品就有了"生命力"，就真正具备了"卖货"的基因。

其实，"客户不要产品要方案"这一点很容易理解，很多老板也早就明白这个道理，但为什么就是在实践之中做不到呢？

因为老板太注重"兵法"，而忽视了"心法"。

120. "咨询业"的必胜心法

想把自己的产品变成客户问题的咨询方案，想把自己的公司变成"咨询业"，最重要的，不是"设计咨询方案"的具体技巧，不是各种商场上的各种花招，即所谓的"兵法"。

而是你本身的企业文化，是否匹配，即"心法"是否支持。

企业的文化不是写在墙上的口号，而是团队的每日行为，而这个行为来源于团队成员，尤其是创始人的心性境界。

心如工画师，能画诸世间，五蕴悉从生，一切唯心造。

企业的境界，就是老板本人的境界。老板的心性，就是企业发展的天花板。

所以，真正把企业做好，老板一定要不断打磨心性，向"动机至善、私心了无"的方向提升。

这里，我教大家八字真言，任何企业老板如果想把产品卖好，就不断重复这八个字，每天默念，很多智慧就会从内心生发：

这八个字就是"先人后己、人我合一"。

意思很浅显，"先人后己"就是指站在对方的角度思考如何先帮对方解决问题，优先考虑对方的需求、对方的利益。

"人我合一"就是指在解决对方问题的同时，把自己的利益、自己的产品、自己的服务也嵌进去，这样对方的问题解决了，自己的利益也实现了，自己的产品也卖掉了。

大道至简，大道必简，非简不足入道。

把这八个字放在身边，有问题的时候都拿出来品一品，你一定会有所获。

121. "隐形冠军"成功之道

很多老板每天很忙碌，却又每天很焦虑，担忧生产、担忧竞争、担忧融资……总有担忧不完的事。出现在我面前的，常常是一张张憔悴而疲惫的脸。

有没有一种战略，可以搭建起企业的"护城河"，让企业超越竞争，让老板身心放松、不再心力交瘁呢？

在德国管理思想家赫尔曼·西蒙教授的《隐形冠军》一书中，有几段经典陈述，摘录如下："隐形冠军将与客户保持长期的紧密关系，视作自己的最大优势。"

"一天的外勤比开一周的会有用100倍。与客户的交流能带来无数的想法和创意。"

"要想成为世界顶尖企业或保持领先地位，就必须赢得顶级客户的青睐，并与之长久地合作下去。"

以上这些话，谈的都是以客户为中心的重要性，隐形冠军是某个细分领域做到世界前三的中小企业，西蒙教授研究全球数千家隐形冠军企业，得出了这个共同的成功之道。

要想成为隐形冠军，必须"与客户紧密联系"，必须"与客户在一起"。他们的成功哲学，无一例外，全部是"客户哲学"，始终把客户的期望和成功放在首位。

我经常跟老板说，成功的企业都是一样的质朴，而失败的企业却各有各的原因。

做企业，无论是什么行业，达到最高境界所遵循的法则都是一样的，被证实有效的方法只有一个方法，就是"以客户为中心、全心全意为客户服务"。

正如老子所言："大道甚夷，而民好径。"

最有效的方法，用最质朴、平实的语言说出来，反而很少有人去做。大多数人更愿意追求什么"绝招"与"窍门"，试图走捷径，但实际上却走了弯路。

我跟很多老板讲，如果只用一个方法，坚持100年都有效，可以让企业持续生存100年，那就是"全心全意帮员工身心富足、全心全意为客户服务"。

永远为客户着想，甚至要到客户那里去办公、去学习，以客户为师，每天与客户在一起，你的企业绝对死不了。

让老板真正轻松的战略，就是这一条：大道至简、万法归一。

一沙参天道，一叶证菩提。

任何事都可以由术入道，证悟终极真理。如果社会上有 1 亿个行业，那么就有 1 亿个"破迷开悟"的法门。每一件事专注到极致，持续精进，必将通达终极的"道"。

经营企业也是一样，行业无数个，但终极之道，只有一个。无论哪个行业，都只有这一个终极法门，别无二法。

122. 不二法门

"以员工为根基，以客户为中心"可以称之为企业生存的"不二法门"。这么简单的事，但很多老板就是做不到，为什么呢？

因为心性的境界达不到。商场究其根本，是修心的道场。

企业经营之中，老板每天面对的诱惑太多，心性稍微有点缺陷，就会被诱惑而迷失。

有人通过"买一赠一"的策略,6 个月业绩提升 40%,你心动吗？

有人玩视频直播，1 年卖货超过 10 年，你羡慕吗？

有人让工厂垫资铺货，然后发展加盟，卖掉再跟工厂结算，卖不掉退给工厂，自己零风险，很快开加盟店数千家，你佩服吗？

老板每天待在企业里，天天看到别人的"各种花招"，短期爆发式增长，再回看自己的公司，一团乱麻，能不心动吗？

心性不够，必定迷失在种种"花招"之中，试图一夜成功，扭转乾坤。但心性浮躁，也必定坚持不下去，然后再换种"花招"，再试一次，结局也是一样……

永远在迷宫里摸索，永远不得解脱。企业总是一阵好、一阵坏，难以突破瓶颈，难以持续、稳健发展，老板在焦虑之中沉沦。

因为答案在心内，不在心外。各种花招都是"假象"，都是浮躁的心所投射出来的虚妄之道。

看不穿这一点，企业永远也做不好。浮躁的老板永远在大道之外徘徊，找不到正道。

我对一家素食餐厅感悟颇多。这家餐厅采取回转寿司的模式，每位 20 元，无须点餐，任选一处落座，面前的流水桌上会有各式菜品依次回转而来，根据自己的喜好随机取用即可。

给我最深感触的，不是它的方便、节约，而是就餐者的心态。浮躁者看见什么在面前经过，都想取一份下来试一下，手忙脚乱。

而沉稳的人，只取几样自己喜欢的，静静等待，慢慢看着其他的美食诱惑在眼前缓缓滑过，轻松淡定，泰然自若。

这其实就是老板们的百态人生吧。

"以员工为根基、以客户为中心"，就是心性之道，就是不二法门。就是让老板身心解放的护城河。

123. 经营正道

由于万企既有战略咨询业务，也有基金投资业务。所以经常有老板问我：实业越来越难做，做投资是不是更容易一些？

碰到这样的问题，我有一个"标准答案"：经营企业与投资的哲学，在最高层面都是相通的，大道至简、真法不二。

如果一个人做实业没有到达这个至简层面，没有悟透真法的话，那么他做实业做不好，做投资也一样做不好。

无论做企业还是做投资，都没有什么所谓的"成功秘密"，有的只是"常识"，就是那些人人都知道，但绝大多数人都做不到的常识。

所以，我经常跟老板们说，没有什么竞争，只有对于"常识"的坚守；能坚持下来的，就是"赢家"；成功路上，从来都不拥挤，因为绝大多数人都中途弃赛了。

124. 做企业的"常识"

做企业的常识，就是"守正出奇"四个字。

"守正"，就是坚守正道，笃定一个战略方向，从经营的细节之处入手，持续改善、日积月累，日拱一卒，不疾而速，不行而至。

企业经营，99% 的时间都是在做"守正"的工作，看上去很枯燥乏味，但伟大企业就是这样"熬"出头的。

德国管理思想家赫尔曼·西蒙教授经过多年跟踪研究发现，能成为全球前三名的"隐形冠军"企业，都有一个共性的特点：就是专注在一个细分的领域里，持续改善与进步至少30年以上，就有机会从小微企业，发展成为行业领袖。

曾国藩说："唯天下之至诚，能胜天下之至伪；唯天下之至拙，能胜天下之至巧。"

但说起来容易，做起来非常难。因为"守正"二字，非常考验一家企业老板的"心性"与"耐力"。

除非是出于无比的热爱，否则，仅靠顽强的意志，大多数人都"守"不到"小树苗长成参天大树"的那一天。

做企业是这样，做投资更是如此，有人说"守股比守寡还难"，百倍、千倍的投资收益，都是长期买入伟大企业，坚定不卖，然后通过时间的发酵，累积10年、20年后慢慢发展起来的。

那些追求一夜暴富的投机者，最后都成了"输家"。

所以，"守正"，就是坚守正道、践行常识。

"守正"就是制心一处、集中心念，专注于当下，滴水穿石。

"守正"就是耐住寂寞，不惧外界喧嚣，不看他人潮涨潮落，每日苦练内功，走自己的路，这也是"万企共赢"坚守的正道。

"守正"是对一个人心性的极大磨炼，只有伟大的心灵，才能支撑起辉煌的事业。

做企业老板，通过"守正"可以逐渐成长为"企业家"。

做投资，通过"守正"可以逐渐成长为"投资家"。

企业也好，投资也罢，本质上都是磨炼心性的道场。心性磨炼好了，做什么都会成功。心性孱弱，再好的商机也无法把握。

这就是经营企业的第一个常识，你能"守得住正道"吗？

当然，"守正"还不够，随着时间、环境、客户等客观因素的变化，经营企业还需要"出奇"。

125. 何谓"出奇"

"出奇"源自《孙子兵法》,《孙子兵法》云："凡战者，以正合，以奇胜"。

这里的"奇"读音"ji"，指"预备队"的意思。后来延伸也指出乎意料的奇招、妙计。

我们这里所说的"出奇"，就是指经营创新的意思。

做企业，99%的时间在"守正"，还需要1%的时间来创新。创新有战略创新、战术创新。

很多人误解了创新，以为创新就是想一个新点子，解决一个眼前的问题。

凡是着眼于当下问题的创新，往往时效性都不长，有点"临时抱佛脚"的意味，我们常称之为战术创新。

而决定企业未来生死存亡与发展大计的，其实是战略创新。是着眼于未来，解决未来 10 年发展方向的重大创新。

不是临时有效，未来无效的方法，必须是管用 10 年，甚至是 100 年的高胜率选择。

126. 慢慢来，比较快

《中庸》有云："君子之道，暗然而日章；小人之道，的然而日亡。"

"守正出奇"之道，不是让企业一夜暴富之法，而是让企业稳健成长、活过百年之策。

那些所谓的窍门、绝活，往往都是剑走偏锋、投机取巧，短期可能有效，但从胜率来看，都是花样作死的"作秀"。

企业老板真正需要的，是超过 90% 胜率的稳健之法，是能穿越时光的检验，长久持续成长的正道。

但这些"正道"却往往看上去没有什么爆发力，甚至有点平淡无奇。

因为遵循大道，符合常识的方法，开始都是"润物细无声"的，而后才会逐步发酵，时间是正道的朋友，是"歪门邪道"的敌人。

这就是企业成功的"王道"，是根本之道。

战略需要创新，战略更需要定力。

选择比努力更重要，坚持比选择更难。

127. 管理的终极目标

稻盛先生的哲学理念及阿米巴管理工具，与"丰田的精益管理"、张瑞敏的"人单合一"、华为的"奋斗者为本"、欧美近年兴起的"青色组织"等管理方法论，本质上都是同一样的，都是为了同一个"终极目的"而服务。

那就是通过全员经营，进行持续改善，为实现全员幸福而终生奋斗。

任何伟大的事业，都是如此成功的，没有例外。

第四章　投资正道

128. 投资的终极目标

投资的终极目标就是打造永续增长的投资组合。经营的终极目标，就是打造永续增长的组织体系。二者都是为了同一个追求，就是永续增长。

实现永续增长的核心方法，就是把企业当作一所顶尖大学来经营。一则重视内部知识的积累与研发，二则重视内部人才的培养与选拔。

129. 能力圈，只能"一米宽、万米深"

巴菲特认为能力圈就是对某公司的深刻理解，深刻到比管理层更加了解这家公司。

按我的理解，如果一个人把某家企业或某个行业划入能力圈的话，那么他必须有资格去做这家公司的董事长，甚至认为自己比原来的董事长会做得更好。

所以，一个真正称职的企业家或投资家，其能力圈一定是非常窄、非常精的。即所谓的"一米宽、万米深"。

所以，能力圈更准确的叫法，应该是能力井，即像井一样的窄口、深底结构。只在这个井里，不断地深入、创新，永无止境地深挖，才可能创造出杰出的成果。但世间的诱惑太多，极少数人才可以坚守。

130．能力圈，为何坚守难

能力圈说起来容易，坚守起来却异常艰难。

一则世界信息非常发达，很容易被新项目诱惑，总想尝鲜，总认为自己现在的项目不好。

二则人容易过度自信，认为自己干什么都行。尤其是企业家，只要在某个领域有点小成果了，就容易"飘"，认为自己能力超群，其他项目也驾驭得了。

131．一辈子只能做好一件事

心理学上有一种"达克效应"，全称为"邓宁－克鲁格效应"，20世纪90年代由邓宁和克鲁格研究发现。

达克效应是指完成特定领域的任务时，个体对自己的能力做出不准确的评价的现象——能力低者会高估自己的能力，甚至显著超过平均水平，能力高者会低估自己的能力。

也就是说，能力低的人反而容易自负，以为自己能力超群。

很多新项目，听起来让人热血沸腾，感觉都是潜力巨大的风口。

但理解巴菲特的能力圈原则之后，要马上警醒自己：自己不过是一介凡夫，一辈子能做好一件事就已经很不容易了，千万不要过度自信。

所以，做心安的事业，做一件事，做一辈子，就够了。心静，才能心定。心定才能专注，专注才能成就事业，成就一个不虚度的人生。

132．投资简单的公司

企业老板，太笨了不行，太聪明了也不好。

真正会走到最后的，是"变笨的聪明人"，即所谓的"大智若愚"。

把聪明用到简单之中，才能真正成就事业。

巴菲特的成功之道，就是"只跨一尺"的栏杆。因为简单，才能弄明白什么是好公司，什么是好模式，才能做好投资。

所以，千万不要痴迷于复杂的模式。如果你无法一句话说明白，那么在实践中往往无法落地实践。

大道至简，非简无以入道。

133. 仁者寿、德者富

价值投资大师为何大多长寿？

伟大的事业，源于伟大的心灵。因此，净化过的心灵，不但可以成就事业，也可以成就健康。

所以，投资之神巴菲特生于 1930 年，今年已经 94 岁，但一样每天正常上班、做事。他的搭档查理·芒格比他还要年长，寿至 99 岁，无疾而终。

著名投资家邓普顿享年 105 岁，费雪享年 97 岁，"日本股神"是川银藏 95 岁……投资历来是被公认的压力极大的行业，但为何这么多投资家都如此长寿呢？

分析他们的共同特征，都是坚守价值投资原理，做长期持有，践行与伟大企业共成长的长期主义。

从这一条出发，就可以明白，投资的正道一定是"价值投资"，因为让人心安、让人健康、让人长寿。

同样，作为"经营之圣"的稻盛和夫老先生，也是 90 岁仙逝的。

因此，只要是正道的事业，无论是实业经营还是投资，都会让心灵净化、身体健康、益寿延年。

所以，奉劝各位老板，无论多么困难，也要坚守正道，只做让自己心安的事，全心全意为客户服务，为社会解决问题，为天下人谋幸福，不求立功、立言，仅求长寿，也是非常值得的了。

仁者寿、德者富，此为永恒之理。

134．流水不争先

做价值投资的人都明白，资本能实现平均每年20%的复利增长，都已经是很优秀的表现了。

做企业也是如此，如果能实现长期每年20%的稳健增长，那是极难的事。如果可以持续10年以上，那就属于全国1%的顶尖企业了。

所以，老板一定要控制住自己的增长欲望，夯实地基，稳中求进。像隐形冠军一样，持续30年以上的年化20%增长，就可以成为行业领袖。

流水不争先，争的是滔滔不绝。

135．稳扎稳打，穿越危机

我在很多老板身上发现一种现象：一旦某人想法太多，尤其想让公司实现爆发性增长时，就会胡思乱想，患得患失，心神不宁，无法定心，往往做出错误的决策。

我身边太多这样的案例，企业一旦过度追求高增长时，就容易舍弃原本的优势，放弃内生主导的方法，寻求外部资源整合的捷径。

结果呢？寻求所谓一年速成方法的企业，大多数无功而返，甚至旧业难保。

而那些稳扎稳打、不求速胜的企业，不断在内部寻找成长的力量，锻造日拱一卒的拙力，反而常常能穿越危机，笑到最后。

136. 成功属于"变笨的聪明人"

我常说，投资能成功的是什么人呢？

笨人不行，因为无法看透事物的本质。聪明人也不行，因为总想超越常识，反而被常识惩罚。

只有"变笨的聪明人"，才能真正成为投资的赢家，因为走遍世界，发现最近的路就是常识。捞遍海底，才发现"针"就在脚下。

做实业经营也是如此，没有所谓速成的法门，没什么神奇的商业模式，只有愚公移山般的埋头苦干。

人们喜欢读那些一夜暴富的传奇，却忘了真正做大做强的公司，没有奇迹，只有常识。

137. 人生不是比谁钱多，而是比心性的境界

做企业千万不要玩心跳，不要踩钢丝。而要把自己当作"十年一熟"的农民，耐住寂寞，守住常识，守住一颗安定的心。

人生不是比谁赚钱多，而是比心性的境界。心不安的选择，宁可放弃，只做心定的事业，只做心定的选择。

向外看，永远"乱花渐欲迷人眼"；向内看，只有"淡看人间三千事，闲来轻笑两三声"。

唯心定而已。

138. 投机型企业与价值型企业

接触各类企业时间长了，我发现企业就像人一样，也是有不一样的性格特征的。大体上看，可以分成两类，一类属于营销型，或叫投机型；另一类属于生产型，或叫价值型。

营销型占大多数，爱耍小聪明，爱投机取巧，公司发展就是暴涨暴跌，持续时间不久，很容易消亡。

生产型则相反，开始很慢，一点点积累，稳扎稳打，不温不火，但细水长流、积少成多，往往可以维持很多年。

哪一种都可能暂时取得领先，但我更喜欢生产型，因为"隐形冠军"100%属于生产型企业。

139. 不做投机者

投资分两派，价值派与投机派。实业也分两派，一派营销型，这个超过所有企业的90%；一派生产型，不到10%。

短期来看，营销型公司赚钱更快，总擅长玩新概念、讲风口，容易抓住新红利，总有新的商业模式、新的盈利机会。

但营销型公司就像小白兔一样，爆发力强，持久力弱。无法在一个领域深深扎下根去，无法专注于一点，形成强大的领先优势。

而生产型企业就像巴菲特的价值投资一样，每年复利成长，稳得没有一点惊艳、没有一点故事。

善弈者，通盘无妙手。生产型企业追求的不是快速爆发，而是终身成长，追求的不是自身有多大规模，而是给客户创造多少价值。

价值派与生产型企业一样，打造的是永续复利成长的基因。

而投机派与营销型公司一样，只追求短期的利润，根本没办法、也不去考虑未来的成长。

140．与谁同行，意义重大

企业老板不但要考虑自身企业的文化特质与战略定位问题，也要考虑合作伙伴与客户的定位选择问题。

巴菲特的合伙人查理·芒格为何从律师行业逐渐转型成投资人呢？

很重要的原因就是，在他作为律师的职业生涯中，经常遇到一些道德观念与自己大相径庭的客户和案件。这些客户和案件与他的价值观完全不区配，而做律师又不得不总与这些客户打交道。

所以，他后来选择做投资家，只投资自己喜欢的管理层，只接受正直价值观的人做出资方。

与谁同行，非常重要。对企业来讲，选择什么样的客户，也就是"与谁同行"。

我认同芒格的做法，不要与价值观不同的人打交道。

营销型企业大多急功近利、投机取巧。其失败是必然的，除非老板彻底转变心性，否则根本无解。

与生产型老板合作，明显更加稳定、持续，价值观相同，也更容易产生结果。

不要试图让所有人都喜欢自己，更不要试图赚所有人的钱。

懂得放弃，寻找心灵共鸣的同道中人，才能获得更多自由。

141．不要投机、不要成为食利阶层

资本由于可以跨行业、跨周期、跨地域投资，从而很容易创造超额收益，收益率可以轻松超越实业经营。

因此，特别容易吸引社会的精英投身其中，成为食利阶层，不再从事创造价值的工作，而是钻营投机，妄图不劳而获，攫取他人劳动果实。

尤其是股市里的暴富故事，吸引了很多社会财富不再从事实体经济循环，脱实向虚，造成了巨大的财富空转与泡沫现象。

因此，伟大的企业家，一定是共同劳动、共同富裕的践行者，一定不会允许自己的企业成为别人制造食利阶层的帮凶。

更不能让投机文化吞噬自己的组织生命力。

所以，伟大企业会选择全员持股，让奋斗者享受企业分红，让组织永远不会被功利主义侵蚀。

142．投资就是投人

为什么伯克希尔公司投资时，特别重视所投资公司的管理层的

品格？因为他们明白，一个国家的增量财富，99% 是由极少部分优秀企业创造出来的，而这些优秀企业之所以能超越竞争、穿越风雨，就是因为企业的领导人，有优秀的品格。

强大的品格，源于强大的心力，而只有强大的心力，才能创造伟大的事业。

投资就是投公司，投公司就是投人，真正的好公司是有限的，真正有格局观、有胸怀又有执行力的创业者也是有限的。

价值投资，就是投资于能长期创造价值的伟大企业家，就是投资心力最强大的优秀领导人。这就是价值投资的核心，就是成就一切伟大事业的核心法则。

143. 只有深入内部，才能看到真相

很多想成为巴菲特的人，天天研究他的价值投资逻辑。很多人费尽心机进行财务分析，研究了一大堆的计算公式。其实这些都是缘木求鱼，找错了方向。

价值投资的基本方法论，就是深度研究、发现价值。即进入企业内部，像咨询公司服务一样，彻底把企业的一切都搞明白，自然能得出企业未来发展的结论。数字与公式都是幻觉，只有深入企业内部，才能看到真相。

144．财务报表的局限

投资的基本方法论是深度研究，即对一家公司深入的、全方位的调研与跟踪，从而形成对未来长期发展的确定性预判。

投资者都希望可以找到一家有发展前景的公司，可以随着公司成长，让自己的财富也水涨船高。但大多数投资者不愿意做一件辛苦，但最为重要的事：就是深度了解一家企业。

简单地看一家企业的财务报表是远远不够的。不是说财务报表会造假，而是说数字不能反映本质。

其一，数字不能反映领导人的能力与品格。

企业的发展，取决于诸多因素，比如行业红利、商业模式、营销水平等，归根结底，以 10 年以上决定性因素来评估的话，决定其发展的关键，是企业领导人的能力与品格。

哪份财务报表能讲清楚这个企业的负责人是什么样的人？根本没有。所以，投资的关键是投人，即投靠谱的人。没有紧密的联系与持续的跟踪，根本不可能全方面了解这个人。

其二，数字不能说明一个行业的未来。

只有身临企业现场，尤其是大量的走访客户，甚至亲自进入这家企业里跟踪若干年，才知道这是一个什么样的行业。

有些行业特别容易赚大钱，比如医学整形。而有些行业特别辛苦又难赚钱，比如工程。有些行业天生就不稳定，比如餐饮。有些行业则会相对平稳，比如制造工厂。

如果没有亲身到企业一线去持续观察与跟踪，是不可能得到真实情况反馈的。

145. 投资就是研究与等待

查理·芒格说，从根本上说，做投资，就要看懂公司的生意，清楚一家公司面临哪些威胁，拥有哪些机遇，只看过去的业绩，难以预测公司的未来。只有在深入了解生意的基础上，才能准确预测公司的前景。

价值投资是"研究5年，持有30年"的长期游戏，因此，价值投资者大部分时间都是在静静地研究与等待。以咨询为切入点，深入企业内部，一方面可以深入理解企业，另一方面可以通过做事来熬过漫长的岁月，所以也是不错的选择。

146. 社会三大定律

很多老板一边做实业经营，一边做股市投资。但很少有做实业成功的人，做投资也很成功。更多的人是实业也没做好，投资更是惨不忍睹。看上去二者没有太大关联，实际上二者本是同一件事，其成败都取决于决策的智慧。而决策的本质，就是在短期的不确定性与长期的确定性之间作取舍。

我总结了社会群体现象的三大基础定律，在实践之中可以解决诸多问题。

第一，认知定律，即认知决定存在。世界对你的呈现，取决于你的认知。

第二，行为定律，即利益决定行为。人类的行动，无论是个人行为，还是群体行为，都源自物质、情感、精神追求这三大利益驱动源。

第三，也是最重要的定律，为"长期定律"。短期的不确定性与长期的确定性是对立统一的矛盾体，基于长期确定性而做出的决策，往往是正确的，即长期主义者才能笑到最后。

巴菲特说，你如果不准备持有一只股票十年，那你也不要持有它十分钟——这就是"长期定律"的直接体现。

在投资与实业经营中，长期定律都是指导一个人走向成功的不二法门。

147．短期的不确定性与长期的确定性

所有的决策，都是基于预测，即对一个事物未来发展变化的判断。

在人类群体行为领域，有种非常奇妙的矛盾现象，就是短期预测往往是非常难的，比如你很难预测一个人明天晚上是去吃中餐，还是去吃西餐。即短期来看，存在巨大的不确定性。做短期预测，根本上来讲，几乎是不可能的。

但是，与之相反的是，做长期预测又是非常容易的。我们不知道一个人明天晚上吃什么，但我们大概率知道如果这个人从小在中国长大的话，未来一年内，绝大部分时间是在吃中餐的。

也就是说，长期来看，一个事物的发展存在着确定性。但决策之中，短期与长期往往是矛盾的，选择了一个，常常意味着放弃另一个。

但很可惜的是，绝大多数人选择了短期，于是只能在不确定性之中挣扎。

148．成功属于长期主义者

做投资不需要高超的智慧，只需要常识。中国未来 30 年会发

生什么样的变化，什么样的产业必然蓬勃发展，其中哪些企业最可能成为龙头，这是大概率的事件，是相对确定的事件，很容易就找到长期持有、必定赚钱的企业。

但可惜的是，90%的人只关注短期的价格波动，他们试图预测几年内甚至几个月内、几周内的价格走势，妄图买到最低、卖到最高——也就是说，他们总是淡漠常识，以为自己的智慧超人，以为自己可以超越"短期的不确定性"规律，想"胜天半子"。

就相当于明明知道从十楼跳下去一定会摔死，因为这是重力定律决定的客观规律，但绝大多数人还在奋不顾身地挑战规律，不停地从十楼往下跳。

所以，90%的人不可能从股市里赚到钱，这不是什么特殊原因造成的，不要推责到政策、量化等其他因素，本质上就是违背"长期定律"所导致的必然下场。

"短期的不确定性"与"长期的确定性"就是天然的矛盾体，选择了一个，就必然放弃另一个，几乎没有例外。

149. 寻找大胜率的确定性

做企业也是如此，重大问题的决策，往往只需要朴素的常识。比如，全心全意服务客户，帮客户解决问题，这一定是对的，因为所有基于自由竞争而成功的企业，无一例外是这样做的。而搞短期降价促销，一定是不长久的，因为总是这么干的企业，常成短命企业。

所以，做重大决策，往往只需要最朴素的、常识的，即从历史中总结出来的常见规律。最有用的，往往却是最让人看不起的，直到吃过无数苦头之后，才知道自己也只不过是一个普通人。

战略决策的本质逻辑，就是寻找大胜率的确定性。因此，各领域成功者，必定是长期主义者，因为只有长期坚持做同一件事，才可能有确定性的结果。这就是复利的根本原因。

再强调一遍"长期定律"，"短期的不确定性"与"长期的确定性是对立统一的矛盾体"。只看短期利益做决策，就是赌博；只有长期决策才有确定性，长期主义是王道，是正道。

一定要终身铭记。

150. 关于预测能力的思想实验

如果人类拥有预测未来的能力，是福是祸？结论是，拥有部分预测能力，即"短期不可预测、长期可以大概率预测"——才是最优的生存选择。

我们可以把预测能力分成四类。

第一类，具有完全的预测能力，可以预测长期（比如 10 年以上）事件结果，也可以预测短期（比如 24 小时以内）事件结果。

第二类，完全不具备预测能力，无论长期还是短期事件，都根本无法预测的。

第三类，部分预测能力，可预测短期事件，不能预测长期事件；即短期是"确定性的"，长期是"随机性的"，简称"短定长随"。

第四类，也是部分预测能力，可预测长期事件，不能预测短期事件。即长期是"确定性的"，短期是"随机性的"，简称即"短随长定"。

根据"生存链"哲学，即"生存是所有生命体进化的第一驱动力"。人类所有进化出来的能力，都是为了保障人类的生存，否则就不会进化出这种能力。

我们根据这个第一性原理，可以逐一进行分析，看看这四种情况，哪种最适合人类种族的繁衍与生存。

首先，我们来设想一下，如果人类具备第一类的"完全预测能力"，长期与短期事件都可以精确地预测，毫无偏差，那么会发生什么事情呢？

答案很简单，你会感到人生毫无意义。因为你可以清晰预见到你未来每一天、每一年遇到的每一件事，你会认为自己的人生早就已经被程序设定好了，没有任何自主选择，没有任何自由意志。

像机器人一样的每日生活，会让人类精神崩溃，感觉人生没有意义，再也不会去努力拼搏、奋斗与进取。

也就是说，如果人类拥有了完全预测未来的能力，人类基本上就丧失了进化的动力，根据自然选择、适者生存的进化选择原则，人类就会丧失生存动力，进而导致种族灭亡。

因此，拥有完全预测能力，并不是一件好事，反而极具破坏力，会从根子上让人类走向灭亡。所以，根据"生存决定进化方向"的原理，人类绝对不可能进化出这种能力，否则，会马上灭绝，因为这违背了进化原则。

再来看第二种情况，即完全不具备预测能力。假如你不知道自己能不能活到第二年，也不知道能不能活到第二天，你会怎么样？

你就根本不会做任何长期规划，只想活一秒是一秒，活一分钟是一分钟，根本不会去做任何复杂的事、长期的事，也不会去积累知识、做困难但有长期价值的事。

这样的话，人类就不会进化出任何有价值的能力，比如思考能力、学习能力，人类最多像无脑动物一样，只会机械地对外界刺激做出动物反应，人类种族根本也不会产生进化。

第三种情况，部分可预测能力，即能预测短期事件，但不能预测长期事件。这种情况也一样会破坏人类种族的生存。人类会变成急功近利，投机赌博滋生，破坏整体生存能力。

根据"生存链模型",生存必须与外界发生能量、物质、信息交换,而交换效率最高的就是"共赢"模式,即双方都受益的情况下,才会持续交换,否则交换就会被破坏,最终影响生存。就像某个大草原,如果存在没有天敌的猎手,很快就会因猎物灭绝而自我灭亡。

再以股市为例,如果有人具备预测明天涨跌的能力,那么利益驱使他根本不会做长期价值投资,不会考虑资本市场整体生存问题,而只会不断地做短线交易,每天持续盈利的最终结局,就是整个股市的钱迟早都被一个人赚走了,股市也就没有人会再参与了,股市也就彻底崩盘了。

所以,短期测不准,股市才能存在;长期趋势相对容易预测,好企业的价值迟早会反映在股价上,才会有人做价值投资,与伟大企业共成长,形成"资本辅助实业"的股市发展逻辑。

因此,如果短期容易预测,长期无法预测,企业根本不可能形成"共赢"结构,不可能稳定发展。

151. 短随长定,才是人类生存之本

经过前面三种情况的排除分析,我们可以清楚知道剩下的选项,就是唯一正确的答案。

只有第四种情况,即能预测短期事件,而不能预测长期事件,

才最利于人类的生存与进化。比如，人类通过观测太阳运动，总结出四季变化规律，于是根据气候变化进行农业生产。但由于无法精确预知当年的雨水、降雪、干旱等具体变化，就只能不断地探索与研究，从而深化知识体系，形成一代传一代的农业智慧积累。

也就是说，社会现象的长期确定性与稳定性，与短期现象的不确定性与不稳定性，看上去是一对矛盾，但实际上是最有利于人类进化与繁衍的选择。

也就是说，长期事件及长期规律，相对容易总结与发现；短期事件与短期规律，相对比较难以预判，反而是最利于人类生存的"能力选择"。

同时，由于人类的长期预测能力，也是不完备的，也因此让人类获得了创造的乐趣与奋斗的意义。既能让人类付出艰苦卓绝的努力去进行长期、大规模的建设，又能让人类社会以相对平稳的方式进行改革与进步。

综上，拥有预测未来的能力，有福也有祸。很多人迷信一些传统文化里的预测功能，以为会预测人生就万事大吉了。这从根本上违背了传统文化的宗旨。那是术，不是道。

中华传统文化，就是"道""德"文化，是"借事炼心"的文化，是奋斗求存的文化，是科学理性的文化，凡是不利于生存、不利于共赢、不利于社会进步与繁荣的，都是糟粕。

儒、释、道三家既有精华，也有糟粕，大家一定要以"生存"与"共赢"为唯一判断标准，去芜存精，批判继承，绝不迷信。

152. 投资与实业经营是一回事

投资与实业经营本质上是同一套方法论，这是很多企业老板不懂的地方。很多人立志做巴菲特，希望通过股市投资变成"巨富"，结果投资亏钱，做实业也不成功。

因为他们误解了巴菲特。巴菲特的中后期的投资成果，明显是基于实业经营能力而获得的。所以，称他为"股神"是不准确的，更准确的说法是"经营之神"。

153. 巴菲特的投资模型

巴菲特在与芒格合作之后，经历了伯克希尔纺织厂的失败投资，喜诗糖果的意外成功，可口可乐的价值坚守、所罗门银行的艰苦救助……一系列的投资打磨，逐渐形成了四位一体的投资模型。

即在巴菲特眼中，值得投资的理想公司，要同时具备"好生意、好企业、好管理层、好价格"这四大要素。现在我们逐条分析。

第一条标准，"好生意"是指企业的商业模式。商业模式按收入与付出关系，可以分成四类，即辛苦不赚钱、辛苦能赚钱、不辛苦不赚钱、不辛苦能赚钱。

很明显，巴菲特更愿意选择不辛苦能赚钱的公司，即像可口可乐一样，可以稳健复利增长，同时相对垄断的商业模式。

第二条标准，"好企业"是指这家企业的经营能力很强，财务稳健、债务杠杆低、风险小，在同行业属于领军企业。

第三条标准，"好管理层"这一条是最重要的标准，也是很多人忽视的一点。巴菲特核心的投资逻辑，就是选择优秀的管理层，尤其是品格正直、能力突出的领导人。

在《芒格之道》一书中，巴菲特的合作伙伴查理·芒格透露了巴菲特的选人标准。芒格举了一个例子：优秀的管理者是这样的，你把他从火车上扔下去，扔到一个偏僻的小镇，不给他钱，他会在这个小镇上诚实本分地经营，用不了多长时间，他又发家致富了。

这个例子充分说明了巴菲特认可的管理者，实际上就是可以白手起家的成功创业者。这是巴菲特最看重的投资要求。

第四条标准，"好价格"，就是"值1元钱的东西，用5角钱来买"。即用低于真实价值的价格买入，这样决定买的一刹那，就已经知道投资会成功了。

以上的"好生意""好企业""好管理层""好价格"四条标准中，除"好价格"之外，都是经营实业的核心能力。一家企业的老板不需要选择好的商业模式吗？不需要把自己的企业经营得出色吗？不需要把自己变成德才兼备吗？

因此，成功的投资家，也一定是成功的企业家。因为二者所需的能力模型，几乎是一样的。

154. 投资的心法

投资能力的本质，就是实业经营的能力。这就是常识，但很可惜的是，99%的人总想走捷径。

事实上巴菲特的经营能力极为出色，他在"华尔街日报""所罗门银行"等多家公司任职过董事长或 CEO，成功挽救这些公司脱离困境。

所以，想成为巴菲特的老板们，当你有意愿、也有能力足以担任所投公司的董事长时，你才有资格、也有信心投资这家企业。

但很可惜的是，炒股的人中，90%的人以为自己比其他人厉害，不愿意去遵守这些常识。总想走捷径，于是不断地跳进一个又一个陷阱。

第一个陷阱，贪婪。"戒贪"是第一个成功法则，谁贪谁赔钱。起心动念错了，结果注定失败。

做实业的人都清楚，一年有 15% 的净利润就不错了。做投资的收益率能稳健在 20%，就已经是股神级别的了，普通人一年可以稳定赚 10%，已经属于高手。试图通过股市实现高收益的人，根本不懂实业赚钱的艰辛。

第二个陷阱，风险。做企业首先要考虑风险。做投资也是一样。

芒格说："我们根本没有预知未来的能力，我们出手的时候很少，即使是出手，也是如履薄冰，对可能承担的风险感到不安。"

当你充分考虑一切风险因素的时候，并且完全能承担风险的时候，才能出手。这是投资大师的实践心得。

第三个陷阱，速成。缺乏长期主义的坚守，总妄图速成，是投资最大的忌讳。做企业要勤勤恳恳、扎扎实实，这是经营常识。但很多老板一旦到投资时，反而容易浮躁，难以坚持。

总之，把以上三个陷阱反过来想，就是迈出了成功的第一步，即戒贪、风控、长期。这三个关键词，既是投资成功的基本功，也是实业经营的心法，它们构成了"万企共赢方法"的底层基石。

因此，无论投资，还是实业经营，本质上都是一样的。大道相通，别无二法。

最后，用芒格的一段话送给想做投资的人："只要开动脑筋、埋头苦干，把眼前的每件事都处理好了，你最后很可能打造一家优秀的公司，伯克希尔用的也是这个方法。"

155. 巴菲特是"企业经营"大师

很多人想成为巴菲特，以为巴菲特靠投资成为巨富，所以人们就去学投资。但问题是，真正让巴菲特赚到大钱的，不是投资的知识，而是企业经营的知识。

与其说巴菲特是股神，不如说他是经营大师。所以，想成为巴菲特，单纯学投资是远远不够的，人们真正应该学的，是经营的智慧。

他的经营方法的核心，就是找对人，长期持有优秀管理层组成的优秀公司股权。所以，只有自己明白如何打造一家优秀的企业，才能成为投资大师。

156. 复利是靠时间慢慢发酵的

巴菲式复利的增值，是靠时间力量慢慢发酵的。伟大企业是可以穿越30年，乃至100年的时间轨道的。

所以，要成为巨富，必须有极强的耐心。持股至少要30年起，才能真正获得100倍乃至1000倍增长的红利。

很多人表面说想成为巴菲特，但实际上想的是"年轻就富"，或者是"不劳就富"。

157．成就伟大人生的路，只有长期主义

时间是最好的试金石，经不起时间检验的，都是"投机"。

所以，想成为巴菲特，首先就要做好 90 岁变富的心理准备。否则，就是自欺欺人。

因此，我劝很多老板，不要立志做巴菲特了，更务实的对象，是做任正非。因为后者更容易模仿，更直接反映了一个人是如何成长的。

像任正非一样，经历重重磨难，打造一家伟大的企业，成就一颗美好的心灵——这才是中国式巴菲特的成才路径。

如果一个人只想做巴菲特，却不想吃任正非的苦，说明他只是想投机罢了。

任正非说，一切投机，最终都是要还的。

成就伟大人生的路径，只有一条，就是长期主义，就是终生奋斗，就是使命驱动，就是坚韧不拔，就是日拱一卒，就是愚公移山……

记住，成功属于变笨的聪明人！

158．投资，最重要的是能力圈原则

老板转行，大多数最终以惨淡收场，核心原因就是跳出了自己的能力圈。

巴菲特告诉我们，投资成功最重要的是能力圈原则，只在自己能力圈之内做选择，才能真正投资成功。

做实业经营，更是如此。把一个行业看懂、看透已经是十分不易了。转行难于登天。

事业的成败在于选择，选择的关键在于千万不要离开自己的能力圈。

第五章　杂谈

159．儒家，至简而圆满

中国传统文化的三条主脉，共识为"儒、释、道"三家。三家本是一家，都讲的是一件事，相当于都是指向"珠穆朗玛峰"的路标，只是路径不同，难易有别。这里只讲儒家。

儒家的"道统"始终把人的价值放在第一位，从来不讲鬼神，把权利还给人间，让人拥有决定自我命运的主导权，一切都为了实现人的价值与意义。

儒家的"功业"就是建设"大同社会"，从来不会脱离人间空谈"天国"与"仙境"。

宇宙、人、意识——世界观、人生观、价值观，三观都构建在人自身的社会生活之中，不假外求，本已合一，本已圆满。

儒家就像深藏不露的扫地僧，至简里包容至深，是高妙而圆融无碍的大成法门。

160．有德必有言

儒家圣人"三不朽"是指："立德、立言、立功"。

这三件事其实是一件事。因为有德必有言，有德必有功。

言与功都是"德"的自然显化。所以，我把写作当作修德的记录。

只有真正领悟到了，才能通过写作反馈出来。

前两天在山东航空的飞机上，看到"君子不器"这四个字，突然就明白了"进化型组织"关键。

进化型组织要求每个人都是多面手，不要固定岗位与角色。这不就是"君子不器"的意思吗？

开始写作后，经常有类似的体验，很多当年读过的书，都逐渐明白了其中的意思。文字是思想的影子，也是痕迹。希望每个持续进步的人，都可以通过文字记录自己的成长。

歌以咏志，文以载道。快哉！

161．儒家的"道统"

北宋大儒张载有四句传诵千古的绝句，称为"横渠四句"，即"为天地立心，为生民立命，为往圣继绝学，为万世开太平。"

这四句话不仅表明了儒家子弟的志愿，更代表了儒家思想的四大脉络与系统。

"为天地立心"，代表了"儒家的道统"，即对宇宙万物运行的根本推动力的理解。儒家首先重视的，就是以"道"为根本，开出一切思想、知识、行为主张的枝叶。

《中庸》开篇点题："天命之谓性、率性之谓道。"

即从天地万物的创始本源，来理解世界万物的运行之理——后来也被阳明先生简化为"心即理"，即人的"良知初心"就是天地之心，决定了一切人世间的道与理。

这就是儒家的"道统"。

162．儒家的"德统"

"横渠四句"的第二句话："为生民立命"，代表了"儒家的德统"。"德"就是"道"在处理社会事物、人与人之间关系时的应用，即"遵道而行谓之德"，表现为做人的正确准则。

儒家之德，核心即"中庸"之道，即"共赢"思想。

《素书》讲："夫道、德、仁、义、礼，五者一体也。道者，人之所蹈，使万物不知其所由。德者，人之所得，使万物各得其所欲。"

因此，"德"就是让每个人都能得到自己想要的，却不影响别人的利益；即实现各自目标的同时，也实现共同的利益。

如果一个企业想稳定发展，必须推崇"共赢"文化。即所谓的"家和万事兴"、厚德载物。

共赢的底线是"己所不欲、勿施于人"；共赢的终极追求是"万世太平、天下为公"。

163. 儒家的"学统"

"横渠四句"的第三句话："为往圣继绝学"，代表了儒家的"学统"，即治学、求知的系统方法。儒家的治学，核心就是"圣贤之大学"。即从古圣先贤的言、行之中，获得根本的知识与智慧。

因为"半部《论语》可治天下"，圣人之学，已经足够用于修身、立命。这是"君子务本"的"本"，学识要立住根本，再学其他领域的知识与技能，称为"游于艺"。

164. 儒家的"政统"

"横渠四句"的最后一句："为万世开太平"，这是儒家的"政统"，即从事社会实践、管理社会事务，实现治国理政抱负的系统。

《大学》讲："修身、齐家、治国、平天下"，这就是对儒家子弟的志向的统一要求。

儒家的"政统"，不一定从政才能施展。在当今社会，创办企业、从事经营，践行好企业家角色，为客户解决问题、为员工创造幸福生活，向社会传播正确的文化理念，本身也"政统"所要求的"社会实践"之义。

所以，只要一位企业家，立志于解决社会问题，为社会进步做贡献，那么他就是"儒商"，就是"儒家子弟"。

所以，儒家不仅是一个思想学派，更是遵循天地之理、推动社会进步的大道与正道。天行健，君子以自强不息；地势坤，君子以厚德载物。企业家要始终自勉自励。

165.　何谓"道"

"道"这个字有多重意义，一是指"规律"，二是指哲学概念里的"本体"概念——哲学是解释一切现象（即存在）的学问。根据哲学的一般理论，把宇宙分成本体界与现象界，中华先贤研究发现这个世界是从"道"这个本体创生出来的，即"道生一、一生二"。

而"道"是无法用任何语言来描述，也无法用人类感官来感知的，是超越一切现象的本体与整体，因此，我们可以称"道"就是这个整体，就是"合一"。

166.　儒、释、道与"合一"

任何文化与思想体系，都要完成对"道"的研究与实践，否则就根本称不上高级与成熟。

而中华文明之所以是博大精深，就是因为它已经系统建构起关于"道"的理论与实践体系，它的建构刚好是从自然科学、社会科学、心灵科学三个角度，分别由道家、儒家和佛家来完成。

"道家"重视自然万物与人的关系，讲究"身国同构"，从气象、物候、草药、矿物、经络等多方面，从"物"研究"道"的规律，与入道的法门。非常接近于现在的自然科学的领域。

我称道家追求的是"物我合一"。

"儒家"重视人群社会的人伦关系，讲究"家国同构"，从家族、社区、国家乃至天下，建构起完整的"社会伦理"，相当于现在的社会科学的研究领域。儒家追求"成圣贤"，也就是"得道者"。我称儒家追求的是"人我合一"。

"佛家"从意识与心灵入手，研究"成佛"的方法。接近于现代"心灵与认知科学"范畴，我称佛家追求的是"心我合一"。

所以，从哲学意义上讲，儒、释、道三家皆为一家，都是研究终极本体的大学问。中华文明就是"道统"文明，就是"合一"的研究与实践文明。所以，才称其为伟大。

企业家也可以"遵道而行"，由商入道。

我常说，经营企业有八字真言，即"先人后己、人我合一"就是借鉴了儒家的大智慧。真正做到"人我合一"的企业家，就已经是很高境界了。

167. 何谓"德"

一言以蔽之，"德"就是"共赢"。

为什么这么总结呢？我们可以从古圣先贤的经典里，找到大量的"道"与"德"论述：

黄石公作的《素书》云："夫道、德、仁、义、礼五者一体也。道者，人之所蹈，使万物不知其所由。德者，人之所得，使万物各得其所欲。"

《中庸》云："仲尼祖述尧舜，宪章文武，上律天时，下袭水土。辟如天地之无不持载，无不覆帱。辟如四时之错行，如日月之代明。万物并育而不相害，道并行而不相悖。小德川流，大德敦化。此天地之所以为大也！"

上述文字很容易理解，"德"就是"道"在处理社会关系时的表现，本质上就是一回事，德就表现为"共赢"。

一则是不要伤害别人，即"己所不欲，勿施于人"，这是德的底线。

二则是实现双方各自利益都增长的前提下，共同利益也增长，即"共赢"，这是"德"的常态。

因此，有"德"的企业家，不会故意占用供应商的货款，而是想办法一起协同整合，共同完成资金快速周转与低库存损耗。

所以，我奉劝"志于道"的企业家，每天语言是否引经据典并不重要，能否以客户为中心，与所有协作方共赢，才是"标配"。

168. 我思故我在

有的老板说经济不行，有的老板说形势一片大好。即使处于同一个行业，很多人也能做出完全不一样的判断。不同人眼中的世界，呈现完全不同的景象。他们都是对的，因为世界对你的呈现，取决于你的认知。

笛卡儿说："我思故我在"。即通过思考而意识到了我的存在，由"思"而知"在"。他对于认识论哲学的重要贡献，就是否定了人类认知的真实性。

他说："一切迄今我以为最接近于'真实'的东西，都来自感觉和对感觉的传达。但是，我发现，这些东西常常欺骗我们。因此，唯一明智的是：再也不完全相信眼睛所看到的东西。"

根据他的理论，我们可以把"我思故我在"这句话，翻译成更为直白的一句话：世界对你的呈现，取决于你的认知。

任何人都不可能认识到世界的真相，因为根本就没有"真相"可言，人类所有感官或思维，都不是为"求真"而演化出来的，而是为了"求存"，即更方便的生存。

因此，你的认知决定了你的世界，即"认知决定存在"。这一点至关重要，对于企业老板而言，更是如此。

所以，不要试图跟与你观点不同的人争辩，没有任何意义，因为在每个人的认知里，自己都是对的。

同理，也不要戴着悲观的眼镜看待万事万物，因为你的判断不是源于事实，而是源于你的认知。一旦你升级了认知，你将看到完全不一样的世界。

169. 你就是自己世界的造物主

老板的认知，是企业发展的唯一瓶颈；企业的发展，本质上是老板认知升级的副产品。所以，没有发展不起来的企业，只有不愿意改变认知的老板。

我一直秉持的观念，也是不断向老板灌输的一点，就是这个世界有无数种可能，每一种都会发生，我们可以选择最消极、悲观的一种，也可以选择最积极、乐观的一种，实现难度都是一样的，既然如此，我们为何不选择最积极的一种可能呢？

我研究战略多年，得出一个重要的结论就是：战略看上去是兵法，实质是心法。三流的人，驾驭不了一流的战略。因为心力不够。所以，老板必须不断地提升认知、不断地觉心自察。

觉心三悟，就是从"理悟"，到"证悟"，再到"彻悟"。

迟早你会觉悟，当你心念发动的一刹，创造已经完成、美好已经发生，只是你需要逐渐稳定自己的认知，以让美好显化。你就是自己世界的造物主，心生万法，境随心转，诚哉斯言。